P. SAINTYVES

L'ÉTERNUEMENT

Et le Bâillement

DANS LA MAGIE, L'ETHNOGRAPHIE ET LE FOLKLORE MÉDICAL

PARIS
Librairie Critique
EMILE NOURRY
—
1921
Tous droits réservés

P. SAINTYVES

L'ÉTERNUEMENT
Et le Bâillement

P. SAINTYVES

L'ÉTERNUEMENT

Et le Bâillement

DANS LA MAGIE, L'ETHNOGRAPHIE
ET LE FOLKLORE MÉDICAL

PARIS
Librairie Critique
EMILE NOURRY

1921
Tous droits réservés

PRÉFACE

Dans ma pensée, ce petit travail ne devait être tout d'abord qu'un recueil de documents classés dans l'ordre ethnographique. Puis la réunion faite, dans la mesure de mes moyens, il m'a semblé, malgré d'immenses lacunes, — rien sur la Russie, la Pologne, les Balkans, sur l'Amérique du Sud contemporaine, etc., etc., — il m'a semblé, dis-je, qu'un bref commentaire était possible.

Toutefois j'ai voulu que chaque texte soit reproduit en entier soit dans le cours des chapitres, soit dans les documents annexes [1]. Ceci est donc avant tout un embryon de corpus sur l'éternuement. Le bâillement n'y est traité que de façon incidente et plutôt pour ne pas négliger des documents apparentés et que cette parenté même m'a fait rencontrer en chemin.

Le commentaire est destiné à mettre en lumière une fois de plus une évolution que l'on connaît et qui va d'une sorte d'animisme indifférencié à un pluralisme spiritique

1. Les numéros en chiffres romains ne renvoient pas aux références données au bas des pages, mais se rapportent aux documents annexes qui constituent le dernier chapitre du livre.

avec un aboutissement au naturalisme qui n'exclut pas cependant les vues d'une théologie unitaire.

Quant à l'influence des conceptions magiques sur la formation des idées scientifiques, il était bien difficile de tirer la chose au clair. J'ai du moins montré la complexité de cette évolution et de cette influence.

Tels quels, ces brefs chapitres en appellent à l'indulgence du lecteur.

Le 30 mars 1921.

P. SAINTYVES.

L'Eternuement et le Bâillement

LES CAUSES DE L'ÉTERNUEMENT D'APRÈS LES PRIMITIFS ET D'APRÈS LES ANCIENS. — ANIMISME ET SPIRITISME

L'éternuement chez les peuples les plus variés est l'objet d'interprétations et de pratiques que l'on classe ordinairement parmi les superstitions. Dans la Grèce d'Homère comme dans l'Allemagne du Moyen âge ou les Nouvelles-Hébrides de nos jours, l'éternuement est un présage. Et qu'il s'agisse de la Rome de Tibère, de l'Angleterre d'Elisabeth ou de l'Espagne contemporaine, on retrouve partout des salutations équivalentes à notre : *Dieu vous bénisse !* Croyances et coutumes ne sont pas moins répandues que les haches de pierre ou les flèches de silex que l'on a ramassées dans tous les coins du monde et dont on a rempli les vitrines des musées préhistoriques.

Comment les expliquer ou plus exactement : comment en déterminer l'origine ? Les sauvages modernes qui utilisent encore les outils de pierre nous ont montré comment on les fabrique. Nous leur demanderons non seulement des exemples de présages tirés de l'éternuement et de salutations adressées à ceux qui éternuent, mais leurs théories de ce phéno.nène, assurés qu'elles nous donneront les raisons qui les incitent à y voir des augures et à pratiquer des invocations.

Il ne faudrait pas croire que les sauvages ont tous et toujours fourni la même explication de l'éternuement, ainsi que semble le croire Andrew Lang. On peut toutefois, en négligeant les nuances, les ramener à deux types essentiels.

Théorie animiste

La plus simple et peut-être la plus ancienne explication de toutes est l'animiste. Les uns y voient un signe du départ temporaire de l'âme, les autres de sa rentrée. C'est ainsi que les Indiens de la Guyane supposent que, durant l'éternuement et le bâillement, l'esprit quitte le corps par le nez et la bouche [xiii]. Même chose en Mélanésie : à Motlay, si un enfant éternue, la mère s'écrie : *Qu'il revienne dans ce monde ! Qu'il reste !* A Mota, on dit : *Vie, reviens à nous !* Dans ces deux pays on est persuadé qu'un esprit emmène la vie de l'enfant [1]. En Nouvelle-Zélande et en particulier chez les Maoris, dès qu'un enfant éternue, on récite aussitôt un charme, évidemment pour rappeler ou retenir l'âme qui s'enfuit.

Les indigènes des îles du Pacifique méridional ont une philosophie analogue de l'éternuement. Ils croient que l'esprit sort parfois du corps et que son retour produit naturellement une commotion, ainsi qu'en témoigne d'ailleurs l'acte brusque de l'éternuement. Ils pensent, en conséquence, qu'il est convenable de saluer le retour de l'esprit vagabond. La forme de ces salutations varie dans les différentes îles. Les indigènes de Raratonga par exemple s'écrient : *Ah ! vous êtes revenu ! [2]*

1. R.-H. Codrington, *The Melanesians*, Oxford, 1891, p. 226.
2. Rev. William Wyatt Gill, *Myths and Songs from the South Pacific*, cité par R. Means-Lawrence, *The magic of the Horse-Shoe*, etc., Boston and New-York, 1899, p. 223.

Dans l'île des Lépreux (Nouvelles-Hébrides), si un enfant éternue, c'est le signe que son âme, absente pour un moment, vient de revenir ; les amis présents lui crient de bons souhaits.

Il est très fréquent de voir considérer l'éternuement comme la preuve que quelqu'un d'autre, ami ou ennemi, s'occupe de celui qui éternue ou plus précisément parle de lui, le loue, le blâme ou le maudit. L'éternuement est-il dû alors à une sorte de visite de l'étranger ou à une espèce de commotion provoquée par l'incantation ou le charme que constitue la parole ? Il est impossible de le dire ; il semble qu'il s'agisse là de quelque chose qui tient à la fois de la télépathie et de l'envoûtement.

En Floride, lorsqu'un homme éternue, on pense que quelqu'un parle de lui, est fâché contre lui, ou peut-être le maudit et attire son *tindalo* (esprit) pour le manger ; l'homme qui éternue en appelle à son propre *tindalo* pour faire du mal à celui qui est en train de le maudire. De la même manière, à Sao, si un homme éternue en s'éveillant, il crie : *Qui m'appelle ? Si c'est pour le bien, cela va ; si c'est pour le mal qu'un tel* (il nomme un *lio'a* ou sorcier) *me défende !*

Dans les îles Bank, on croit aussi que quelqu'un appelle l'homme qui éternue soit pour le bien, soit pour le mal. On dit qu'à Mota l'homme qui éternue cherche, par une certaine divination, à savoir qui le maudit ; il frappe alors du pied et s'écrie : *Ecrasez le mal ! qu'ils ne m'atteignent pas ! Qu'ils restent tranquilles ! Qu'ils prononcent leurs paroles en vain ! Qu'ils complotent en vain !* On emploie une formule spéciale pour celui qui a épousé une veuve [1]. On lui dit : *Que cet éternuement vous sorte le ver !* car on croit que le premier mari garde rancune à son successeur et lui envoie un ver qui le ronge [2].

On retrouve des opinions analogues en Australie et en

1. R.-H. Codrington. *The Melanesians*, Oxford, 1891, p. 226-227.
2. *Ibid.*, p. 40.

Amérique. Quand un homme du district de la Tully River éternue, c'est qu'il y a une femme qui souhaite sa présence ou parle de lui. De même sur le Pennefather, lorsqu'une personne éternue, c'est qu'il y en a une autre qui parle d'elle en bien ou en mal [IV]. Chez les Sioux, c'est un être cher qui vous a nommé. Un père de famille qui éternue une fois s'écrie : *Mon fils !* et si deux fois : *Mon fils et sa mère !* [XI]. Au Mexique, l'on croyait autrefois qu'une autre personne disait du mal de celui qui éternuait ou que deux ou trois personnes s'entretenaient à son sujet [XIV].

Cette communication d'âme à âme ou d'esprit à esprit se retrouve également en Asie. Chez les Japonais, un éternuement signifie que quelqu'un vous loue ; deux, au contraire, qu'on vous critique. Si une femme indienne, malgré une extrême envie d'éternuer, n'en peut venir à bout, c'est qu'au même instant son mari éprouve une velléité d'infidélité [XXI]. Pour les Macédoniens contemporains, l'éternuement indique que les ennemis absents sont en train de dire du mal de l'éternuant, et les assistants ne manquent pas d'exprimer le pieux désir qu'ils périssent, quels qu'ils soient [XCII]. C'est en vertu d'une même conception que les anciens Grecs voyaient dans l'éternuement une preuve d'acquiescement aux sollicitations amoureuses.

Après de longues irrésolutions, la jeune Parthénis se détermine à exposer ses sentiments à celui qu'elle adore en secret. Elle arrive au passage le plus vif de sa lettre au jeune Sarpédon.

Mais voici que, tandis que j'écris ces lignes, j'ai éternué très agréablement. Est-ce que par hasard, ô jeune homme ! ô mon cœur ! songerais-tu à moi ? [1]

Théorie spiritique ou démonologique

Avec le développement des idées spiritiques et des con-

---

1. Aristénète, *Epitres*, II, 5, éd. J. Mercerus, *Trajecti ad Rhenum*, 1736, p. 217.

ceptions démonologiques qui peuplèrent l'univers entier d'esprits désincarnés et de génies bons ou mauvais, il était inévitable que l'éternuement fût attribué aux démons ou aux esprits. C'est précisément ce que nous voyons clairement en Afrique, chez les Zoulous.

Parmi les nègres l'éternuement est regardé comme l'heureux présage du retour à la santé. On rend grâces après avoir éternué, en disant : « *O notre peuple, j'ai regagné la prospérité dont j'avais besoin. Continuez de me regarder avec bienveillance.* » L'éternuement rappelle à chacun qu'il doit prononcer sans tarder le nom de l'Itongo de son peuple, car c'est l'Itongo qui le fait éternuer, afin qu'il s'aperçoive par cet éternuement que l'Itongo est avec lui...

Ainsi l'éternuement chez les nègres donne à l'homme la force de se souvenir que l'Itongo est entré en lui et demeure avec lui. Et il remercie avec grande joie n'ayant aucun doute à ce sujet.

Quand un homme dit en éternuant : « *Chefs!* » c'est parce qu'il n'aime pas dire : « *Un tel des nôtres* », parce qu'il ne sait pas lequel des Amatongo a répandu sur lui ce bienfait ; aussi les met-il tous ensemble et dit-il : « *Chefs, ne vous détournez pas de moi.* » Quand il dit : « *Mon père !* » celui qui parle éternue, peut-être, tout de suite après la mort de son père et son cœur ne l'oublie pas encore ; et ainsi il dit : « *Père, regardez-moi, afin que je sois béni en ce que pour le moment je n'ai pas.* »

Ou bien, si sa mère est morte récemment, il dit de la même manière : « *Ma mère, ne te détourne pas de moi.* » Il dit : « *Mes pères !* » réunissant ainsi en un seul tous les Amatongo de son peuple, les frères de ses pères qui sont morts, et il dit encore : « *Pères, regardez-moi et ne vous détournez pas de moi.* » Et quoique, en réalité, ils ne soient peut-être pas les frères de son père, cependant, puisqu'ils sont morts, ils sont devenus des protecteurs et c'est pour cette raison qu'il dit : « *Mes pères !* »

Les Amakxosa disent : « *Utikxo de notre peuple, regarde-moi, et sois toujours avec moi afin que je puisse vivre dans la prospérité.* » On ne sait pas ce qu'ils disaient avant d'employer le mot

Utikxo qui est l'Itongo des Amakxosa. Et maintenant, parmi les Amakxosa, les croyants (convertis au christianisme), quand ils éternuent, ne disent plus à l'Itongo : « *Père* », mais « *Protecteur, regarde-moi* » ou « *Créateur du Ciel et de la Terre* ». Ainsi s'est produit un changement [1].

L'éternuement est donc pour eux la preuve de la présence et de l'action d'un esprit protecteur, souvent d'un ancêtre que l'on qualifie de chef ou de père ; ou même de l'intervention d'une sorte de divinité suprême [VII]. Mais, qu'il s'agisse de l'Itongo ou de l'Idhlozi, des Amazoulous ou du tout puissant Utikxo des Amakxosa, on ne manque pas de supplier cet esprit et de réclamer sa bienveillance et sa protection. Voici l'une des prières que le nègre qui éternue adresse à l'esprit qui vient de le secourir :

Je suis maintenant béni. L'Idhlozi est avec moi, il est venu à moi. Que je me hâte de le remercier car c'est lui qui m'a fait éternuer. Parce que j'ai éternué, je verrai les choses pour lesquelles il convient que je loue les esprits des morts de notre famille et je dirai : « Vous de tel endroit, qui avez fait telles et telles actions glorieuses, je vous demande de me donner des troupeaux, des enfants et des femmes qui me donneront encore des enfants afin que votre nom ne périsse pas, mais qu'on puisse toujours dire : là-bas, c'est le village d'Un Tel. Car si je n'ai pas d'enfants, il n'y aura personne pour dire que c'est le village d'Un Tel. Si je suis seul, il se peut que je vive longtemps sur la terre ; si je n'ai pas d'enfants à ma mort mon nom disparaîtra, et vous serez dans la peine et il vous faudra manger des sauterelles ; car à l'heure de ma mort mon village disparaîtra et vous n'aurez nul endroit où vous puissiez entrer ; vous mourrez de froid sur la montagne. Les autres Amadhlozi bénissent leurs peuples. Et moi aussi je dis : Donnez-moi abondamment ; ne m'oubliez pas. Pourquoi êtes-vous incapa-

1. Rev. Canon Callaway, *Divination as existing among the Amaẓalus*, London, 1870, p. 222-224.

bles de me donner quand je suis seul : Si nous étions beaucoup,
que pourriez-vous ? [1] »

L'éternuement isolé n'est pas d'ailleurs à proprement
parler une preuve de possession, mais un signe de la présence au moins passagère du dieu. En revanche, les sujets
qui se préparent à la fonction de devin savent que l'esprit
qui les inspirera désormais va prendre possession de leur
personne et s'installer dans leur corps grâce à des éternuements et des bâillements sans cesse renouvelés.

Le Révérend Callaway nous parle d'un naturel qui s'était
rendu « incapable de devenir devin bien qu'il pût dire ce qui
était vrai sans divination. Ses habitudes étaient celles d'un
devin, quoiqu'il ne le fût pas, car il bâillait et éternuait continuellement comme le font les devins. Sans être devin il était à
mi-chemin entre deviner et ne pas deviner ».

Lorsqu'un homme se prépare à devenir devin chez les Zoulous, il « peut être malade deux ans sans aller mieux, et parfois même plus longtemps encore. Il peut quitter la maison
pour quelques jours et les gens commencent à penser qu'il va
mieux. Mais non, il reste de nouveau sans pouvoir sortir. Ceci
continue jusqu'à ce que ses cheveux tombent. Et son corps se
dessèche et se couvre de croûtes ; et il n'aime pas s'oindre.
Tout le monde s'étonne des progrès de la maladie. Mais sa tête
commence à donner des signes de ce qui va arriver. Il montre
qu'il va devenir un devin, en bâillant sans cesse et en éternuant sans cesse. Et chacun dit : « *Mais ! vraiment, il semble
que cet homme va être possédé par un esprit.* » Ceci ressort
aussi du plaisir qu'il éprouve à priser, et il ne laisse passer que
peu de temps entre deux prises. Et tout le monde commence
à voir que ce qui était bon lui a été donné » [2].

L'esprit qui pénètre ainsi dans un homme est générale-

<hr>

1. **Rev. Canon Callaway**, *Divination as existing among the Amazalus*,
London, 1870, in-8°, p. 224-225.
2. *Ibid.*, p. 234 et 262-263.

ment considéré comme une entité bienveillante en Afrique, bien qu'au Vieux Calabar on entende les mères dont les enfants éternuent dire quelquefois : « *Loin de vous !* » en agitant la main comme pour chasser quelque mauvais esprit [VIII].

En Asie, on admet que l'éternuement signale soit l'entrée soit la sortie d'un mauvais esprit. Chez les anciens Parsis lorsqu'un homme éternuait, il devait, avec les personnes présentes, réciter une prière destinée à briser le Daroudji :

C'est le désir d'Ormuzd, etc., *une fois.*

L'abondance et le Behescht, etc., *une fois.*

Je remercie Dieu de ce que l'éternuement est venu par sa libéralité, par sa justice. Qu'en tous lieux, en tous tems les Dews qui sont dans mon corps soient brisés, soient frappés, ô grand Ormuzd, qui frappez avec force par le Vendidad [1] l'ennemi des hommes.

L'abondance et le Behescht, etc., *une fois* [2].

Les Parsis de nos jours croient encore que l'éternuement est la marque de la victoire que le feu du corps remporte sur les Dews. Lorsque quelqu'un d'entre eux entend éternuer il s'écrie : « *Ormuzd soit béni !* », louant ainsi la divinité suprême.

Il est interdit aux Parsis de parler en mangeant, parce qu'à ce moment les démons sont sur le qui-vive, cherchant l'occasion de pénétrer dans le corps à travers la bouche tandis que l'on est engagé dans une conversation [3].

Cette même croyance se retrouve parmi les bouddhistes et les Musulmans de l'Iran. Ils admettent que :

L'éternuement est dû à une influence du démon, mais leurs

---

1. Zad zoud devedâd : ou, qui frappez le Dew éloigné de votre loi, (votre ennemi).

2. *Ieschts Sadès,* 58, dans **Anquetil-Duperron,** *Zend-Avesta, ouvrage de Zoroastre,* Paris, 1771, II, 125, cf. ibid. II, 598.

3. **L. Maria Child,** *The Progress of religious Ideas,* I, 276, cité par R. **Means-Lawrence,** *The magic,* etc., p. 223.

opinions diffèrent lorsqu'il s'agit de savoir s'il est causé par un Bhût qui entre ou sort par le nez. Ce dernier point de vue est généralement adopté par les Musulmans parce qu'une tradition du Prophète veut que le nez soit lavé avec de l'eau parce que le diable y réside durant la nuit. La superstition de l'éternuement dans l'Inde est au moins aussi vieille que les Jatakas Bouddhistes qui nous donnent un récit remarquable à son sujet, récit dans lequel on décrit comment le futur Bouddha et son père Gagas sont allés passer la nuit dans un lieu hanté par un Yakkha ou Yaksha, et furent bien près d'être dévorés par lui pour n'avoir pas dit le mot magique : « Vie ! » quand ils éternuèrent.

De même, dans l'histoire de Sulochana et Suschena, que nous trouvons dans le Somadeva, l'esprit de l'air dit : « *Quand il entrera dans son appartement privé, il éternuera cent fois et si quelqu'un ne lui dit pas : « Dieu vous bénisse ! » il tombera dans les griffes de la mort.* »

En général, l'éternuement est un signe de bon augure parce qu'il implique l'expulsion d'un Bhût [1].

Les Persans, sans doute pour la même raison, le tiennent pour un heureux présage spécialement lorsqu'il est répété souvent [xxxi].

Les anciens Hébreux semblent avoir considéré la bouche et le nez comme des voies ouvertes aux mauvais esprits.

> Jéhovah, je t'invoque ; hâte-toi de venir ;
> Prête l'oreille à ma voix quand je t'invoque ;
> Que ma prière soit devant ta face comme l'encens
> Et l'élévation de mes mains comme l'offrande du soir !
> *Jéhovah, mets une garde à ma bouche,*
> *Une sentinelle à la portée de mes lèvres ;*
> N'incline pas mon cœur vers le mal,
> A des actions mauvaises avec les hommes qui
> commettent l'iniquité [2].

1. W. **Crooke**, *The popular religion and folklore of Northern India*, Westminster, 1896, in-8°, p. 240.
2. *Psaumes, CXLI*, 1-5.

On pourrait discuter la signification de ce texte poétique, mais on ne peut guère douter, en revanche, de celle du passage suivant de Flavius Josèphe :

Dieu avait donné à Salomon une parfaite connaissance de la nature (des plantes et des animaux) et de leurs propriétés dont il composa un livre ; et il employait cette connaissance à composer pour l'utilité des hommes divers remèdes, entre lesquels il y en avait qui avaient même la force de chasser les démons sans qu'ils osassent plus revenir. Cette manière de les chasser est encore en grand usage parmi ceux de notre nation, et j'ai vu un juif nommé Eléazar qui, en présence de l'empereur Vespasien, de ses fils et de plusieurs de ses capitaines et soldats, délivra divers possédés. Il attachait au nez du possédé un anneau dans lequel était enchâssé une racine dont Salomon se servait à cet usage ; et aussitôt que le démon l'avait sentie, il jetait le malade par terre et l'abandonnait [1].

Il est donc bien clair que les anciens Hébreux estimaient que le nez ou la bouche étaient les voies ordinaires par où les démons entraient ou sortaient du corps de l'homme. Cette croyance n'est pas d'ailleurs sans avoir survécu dans le christianisme, témoin ce trait tiré des *Dialogues* de saint Grégoire :

Dans un monastère de la province de Valérie (Italie) une religieuse vint au jardin, vit une laitue qu'elle désira manger, et la porta avidement à sa bouche, en oubliant de la bénir d'un signe de croix ; mais aussitôt le démon s'empara d'elle et la renversa par terre. Pendant qu'il la tourmentait, on courut dire au père abbé de venir bien vite la secourir par ses prières. A peine Equitius fut-il entré dans le jardin, que le démon qui s'était emparé de cette religieuse se mit à crier par sa bouche comme pour se justifier : « Moi, qu'ai-je fait ? qu'ai-je fait ? je me reposais sur cette laitue ; cette femme est venue et elle

---

1. **Flavius Josèphe.** *Histoire ancienne des Juifs*, VIII, 2, trad. Buchon, Paris, 1840, p. 199.

m'a mordu. » L'homme de Dieu lui ordonna avec indignation de s'en aller et de laisser libre la servante du Tout-Puissant. Il la quitta en effet aussitôt [1].

L'explication de l'éternuement par la possession se retrouve également chez les anciens Grecs. Le démon de Socrate, qui a fait couler tant d'encre chez les anciens et chez les modernes, n'aurait été qu'un éternuement ? Mais écoutez plutôt ce dialogue tiré de Plutarque :

Théocrite, dit Galaxidore, croyez-vous que le démon de Socrate eût une faculté particulière et supérieure ? N'était-ce pas une parcelle de la sagacité départie nécessairement à tous, qui le dirigeait avec infaillibilité, grâce à l'expérience, et qui dans les choses obscures et difficiles à conjecturer par la raison, le faisait incliner d'un côté ou d'un autre ? Car, de même qu'un poids unique ne constitue pas à lui seul un jeu de la balance, mais qu'à charge égale il fait pencher le tout du côté où on l'ajoute ; de même, une voix ou un tel autre signe léger n'est pas suffisant pour déterminer un esprit grave à un acte quelconque ; mais si cet esprit flotte entre deux raisons contraires, et si la voix ou le signe appuie l'une d'elles, l'incertitude cesse, l'équilibre est rompu : il y a détermination prise et volonté. Alors mon père, prenant la parole : « Pour ma part, ô Galaxidore, dit-il, j'ai entendu raconter à un Mégarien, et il le tenait de Terpsion, que le Démon de Socrate était un éternuement soit de Socrate lui-même, soit d'autres. Si l'on éternuait à sa droite, lorsqu'on était derrière ou devant lui, il se déterminait à l'action qu'il voulait faire ; si l'on éternuait à sa gauche, il en était détourné. Etait-ce lui-même qui éternuait quand il était sur le point d'agir, il s'y décidait ; s'il avait déjà commencé, il s'arrêtait et comprimait son mouvement. Mais ce qui me paraît étrange, c'est que, prenant conseil de ces éternuements, il ne jugeât pas à propos de dire à ses amis que c'était cela qui le retenait ou qui le faisait agir. Pourquoi parlait-il d'un Démon ? Et, d'autre part, il y aurait eu là une

1. *Dialogues*, I, 4, trad. E. Cartier, p. 22.

sorte de vanité, mon cher ami, et une folle ostentation. Je n'y reconnaîtrais pas cette vérité, cette simplicité qui l'ont fait à juste titre regarder comme un grand homme, si supérieur au reste des humains. Quoi ! un son extérieur, un éternuement fortuit aurait agi sur son intelligence, l'aurait détourné d'une action commencée, lui aurait fait abandonner sa résolution ? »

Il est évident, au contraire, que les actes de Socrate portent le caractère de la fermeté et de la vigueur, comme procédant d'un jugement et d'un principe aussi droits que solides. Avoir persisté volontairement toute sa vie dans l'indigence, lorsqu'il pouvait s'enrichir des largesses d'amis qui en auraient été heureux et reconnaissants ; ne se départir jamais de la philosophie malgré tant d'obstacles ; enfin, quand il lui était si facile de se sauver et de fuir, grâce au zèle de ses amis et aux dispositions prises par eux, ne pas fléchir devant leurs instances, ne pas reculer devant la mort, conserver, en se jouant, l'usage de cette ferme raison à l'aspect du plus terrible danger, ce ne sont pas là les actes d'un homme qui, par des voix, des éternuements, doive être, à l'occurrence, détourné d'une détermination antérieure. Non ! une influence plus haute, un principe plus noble, le dirigeait dans la voie du beau...

Eh ! quoi, Simmias ! dit alors Phidolaüs, souffrirons-nous que Galaxidore, par ses plaisanteries, réduise une aussi grande œuvre qu'est la divination à des éternuements et à des voix, quand ce sont là des signes dont le vulgaire et les ignorants aussi font usage en badinant pour des choses de peu d'importance ? Mais lorsque des dangers plus graves et plus sérieux compliquent la situation des affaires, il arrive ce que dit Euripide :

« On ne badine point en présence du fer. »

O Phidolaüs, répondit Galaxidore, pour peu que Simmias ait entendu Socrate en personne parler à ce sujet, je suis prêt à l'écouter et à le croire avec vous autres. Quant à ce qui a été rapporté par vous et par Polymnis, il n'est pas difficile de le réfuter. Car de même qu'en médecine, une accélération du pouls ou une pustule est peu de chose, mais annonce un désordre qui ne sera pas peu de chose, de même que pour un pilote certain bruit de la mer, la vue de tel oiseau, le passage d'une nuée presque imperceptible, présagent un grand vent ou une violente agitation sur les flots ; de même pour une âme douée de divination, un éternuement ou une voix, ce qui est peu de chose en soi, devient le présage de quelque grand événement. Il n'est pas un seul art où l'on méprise la sagacité qui pressent les grandes choses par les petites et le plus par le moins. Comme un homme qui ignorerait les propriétés des caractères d'écriture, en voyant leur petit nombre et leur peu d'apparence, se refuserait à croire qu'un homme qui sait s'en servir pût, avec leur secours, faire le récit de grandes guerres autrefois livrées, de fondations de villes, d'actes et d'aventures de monarques, et prétendrait, en conséquence, que quelque Génie apparaît à l'historien pour lui révéler et lui présenter par ordre chaque fait, comme, dis-je, cet homme vous inspirerait, mon cher ami, une joyeuse envie de rire de sa simplicité ; de même, prenez-y garde, en méconnaissant que chaque présage est de nature à faire conjecturer de l'avenir, nous en viendrons à blâmer sottement les inspirations d'un homme parfaitement sensé, et nous nous récrierons lorsque sur ces présages il annoncera par avance des choses encore inconnues, lorsqu'il répétera que ce n'est pas un éternuement, une voix, mais un Génie qui dirige ses actions.

Car je passe maintenant à vous, Polymnis, vous vous étonnez de ce que Socrate, qui, par sa modestie, sa simplicité, humanisa plus que personne la philosophie, n'ait pas appelé ce signe, un éternuement, une voix, mais l'ait décoré du nom tout à fait tragique de Génie. Pour moi, je m'étonnerais au contraire qu'un homme aussi supérieur que Socrate l'était dans l'art de discourir et de donner aux mots toute leur valeur, eût dit que ce n'était pas un Génie, mais un éternuement, qui l'avertissait. C'est comme si l'on disait avoir été blessé par une flèche et non par celui qui a lancé la flèche ; ou, encore, que c'est la balance qui fait l'action de peser, et non celui qui tient la balance. L'œuvre, en effet, ne dépend pas de l'instrument, mais de celui à qui appartient l'instrument et qui s'en sert pour faire l'ouvrage. Or, un signe est aussi une espèce d'instrument dont se sert celui qui donne des indications et des pronostics [1].

Que l'éternuement ait été baptisé du nom de génie ou qu'il ait été produit par quelque daïmon inspirateur et quelle qu'ait été l'opinion de Socrate, il n'en est pas moins certain que les Grecs le considéraient comme une manifestation divine. Aristote nous en est garant; nous savons d'ailleurs par Xénophon et par Athénée qu'on le traitait avec un respect religieux.

L'explication de l'éternuement par l'action d'un esprit se retrouvait hier encore en Angleterre et en Ecosse parmi les nourrices. Tant que l'enfant n'avait pas éternué on considérait qu'il était habité par les fées et comme ensorcelé. Les Irlandais, désireux de débarrasser l'enfant de ces hôtes importuns, procèdent de la façon suivante :

On fait un bon feu dans lequel on jette quantité de certaines herbes prescrites par les femmes-fées et lorsqu'il s'en échappe une épaisse fumée on porte trois fois l'enfant autour du feu en récitant une incantation et en répandant abondance d'eau bénite. Durant ce temps toutes les portes doivent être closes, de peur que, pressée par la curiosité, une fée ne pénètre et aperçoive la cérémonie. On doit continuer ces rites magiques jusqu'à ce que l'enfant éternue trois fois, car le charme est ainsi détruit et l'enfant est désormais à l'abri du pouvoir des sorciers [2].

Il est fort probable que des idées analogues ont longtemps régné dans toute l'Europe. Le bâillement donnait jadis lieu à des signes de croix. « C'est encore une coutume répandue au Tyrol de se signer quand on bâille, de peur que quelque chose de mauvais n'entre alors dans la bouche [3]. Ancienne-

---

1. **Plutarque**, *Le Démon de Socrate*, 11-12, dans *Œuvres morales*, trad. Bétolaud, Paris, 1870, in-12, t. III, p. 81-85.

2. **Lady Wilde**, *Ancient Cures, Charms and Usages of Ireland*, p. 41, cité par R. **Means-Lawrence**, *The magic*, etc., p. 216.

3. **A. Wutke**, *Der Deutsche Volksaberglaube*, 2° éd., Berlin, 1869.

ment on n'hésitait sans doute pas à nommer le démon. L'éternuement par contre devait présager sa sortie.

Les Tchèques prétendent avoir un moyen infaillible de reconnaître la présence du diable, car ils croient qu'il provoque un violent éternuement lorsqu'on lui présente une croix [1].

En Hollande semble avoir régné une opinion contraire : On croit qu'une personne qui éternue se livre par là même au pouvoir d'un sorcier, à moins que quelqu'un n'invoque la bénédiction divine [2].

Ce pourrait bien être là une croyance tardive destinée à justifier l'invocation. L'idée de l'éternuement-exorcisme a dû être la règle.

L'opinion qui voit dans le bâillement un signe de l'entrée du diable et dans l'éternuement un signe de sa sortie est encore très fréquente dans l'Islam. Assas-bou-Malek, El-Barâ, Abou-Horeira, Solaïman-El-Timi font tous remonter cette opinion au Prophète [LXV à LXVIII].

L'importance attachée à l'éternuement a donc été un fait absolument général et l'on peut dire qu'il n'y a pas de peuple qui ne l'ait considéré comme un moment critique, souvent comme le signal de l'apparition ou de la disparition d'un danger. De là les salutations que l'on prodigue alors, les souhaits de vie ou les félicitations. Nous pourrions considérablement allonger ce chapitre en citant ici les formules employées, nous nous contenterons de signaler les curieuses cérémonies auxquelles donnent lieu l'éternuement d'un chef chez différents peuples.

Lors de l'expédition de Hernando de Soto en Floride, un chef indigène nommé Guachoia vint lui rendre visite.

1. A. Wutke, *Der Deutsche Volksaberglaube*, p. 243, cité par R. MEANS-LAWRENCE, *The magic*, p. 218.

2. *Cornhill Magazine*, LXXVI, cité par R. MEANS-LAWRENCE, *The magic*, etc., p. 234.

Pendant l'entrevue, le cacique éternua fortement ; les nobles qui l'avaient accompagné, et qui étaient rangés le long des murs de la salle à côté des Espagnols, se mirent aussitôt à incliner tous la tête, en ouvrant et refermant les bras, et faisant d'autres gestes de profond respect et de vénération, saluant le chef de différents mots, tous tendant au même but et disant : — Le soleil te garde, soit avec toi, t'illumine, t'exalte, te protège, te favorise, te défende, te fasse prospérer, te sauve, — et autres formules analogues à ces exclamations, qui produisirent une sorte de murmure continu et traînant pendant quelques instants [1].

Lorsque le roi de Monomotapa éternuait, au dire de Codigno, tous ceux qui se trouvaient dans le lieu de sa résidence et aux environs en étaient informés dans le même instant par certains signaux ou par certaines formules de prières qui se font tout haut en sa faveur, et qui passent successivement de la cour à la ville puis dans les faubourgs de manière que l'on n'entend retentir de tous côtés que des vœux solennels pour la santé du prince et des espèces de *vive le roi !* qu'ils sont tous obligés de dire hautement chacun dans leur langage. Le même fait se produisait aussi chaque fois que le roi buvait ou toussait [2].

Lorsque le roi de Sennar éternue, ses courtisans lui tournent le dos, en se donnant de la main une claque sur la fesse droite [3].

En Guinée au XVIIIe siècle, s'il arrivait à un personnage important d'éternuer, tous ceux qui étaient là tombaient à

1. *Historia de la Florida*, III, XLI. Je ne cite pas la vieille traduction française de P. Richelet, simple adaptation sensiblement abrégée. *Histoire de la conquête de la Floride ou relation de ce qui s'est passé dans la découverte de ce pays par Ferdinand de Soto, composée en espagnol par l'Inca Garcilasso de la Vega*, Leide, 1731, l. III, ch. VI, t. II, p. 439-440.

2. Codignus, *Vita Patris Gonzali Silveriæ*, Col. Agripp., 1616, II, 10, cité par H. Morin, dans C. Leber, p. 381-382, et Edw. B. Tylor, *La Civilisation primitive*, II, 116.

3. *Journal de France*, 1776, p. 156, cité par P. Cordier, dans *Intermédiaire des Chercheurs et des Curieux*, 1889, XXII, 129.

genoux, baisaient la terre, battaient des mains et lui souhaitaient toutes sortes de bonheur et de prospérité [1].

Pline rapporte que Tibère qui, dit-il, était certainement le plus sombre des hommes, exigeait qu'on le saluât lorsqu'il éternuait et cela même en voiture [xviii, ſ, 2]. Et Pline s'étonne demandant d'où vient cette coutume.

Nous pouvons maintenant lui répondre que c'était là un usage magico-religieux. La salutation chez les Primitifs fut tout d'abord une sorte de conjuration magique. Elle pouvait être destinée soit à écarter le danger qui s'annonçait ainsi : la fuite de la vie ou l'invasion de quelque mauvais esprit, soit à s'emparer des puissances favorables dont il était d'autres fois la manifestation. De l'incantation à la prière, il n'y a qu'un pas. Un vœu, un souhait peuvent être l'une ou l'autre selon l'atmosphère dans laquelle ils se formulent.

Entre le Guinéen qui souhaite à son chef toutes sortes de bonheurs et de prospérités et l'Italien qui dit à son voisin : *Salut, prospérité, cent ans de vie, un fils mâle !* la différence n'apparaît pas éclatante. Les uns et les autres d'ailleurs s'épanchent ainsi en vœux et en salutations sans y attacher d'autre importance, sans que cela prouve quoi que ce soit en faveur de leur religiosité ; mais il n'en reste pas moins qu'en remontant aux origines de l'usage on doit conclure qu'il s'agit d'une coutume sacrée de caractère magique ou magico-religieux.

1. W. Bosman, *Description of the Coast of Guinea*, lettre xviii, dans J. Pinkerton's *Voyages and Travels*, London, 1814, xvi, 478.

CHAPITRE II

DE L'ORIGINE DU *DIEU VOUS BÉNISSE !*
COMMENT L'ON A JUSTIFIÉ LES SALUTATIONS. — LÉGENDES
RABBINIQUES ET CHRÉTIENNES. — CONTES EUROPÉENS

Nous savons déjà que la plupart des primitifs formulaient des vœux de santé ou de prospérité pour celui qui éternuait, soit qu'ils vissent dans ce phénomène l'annonce d'une déperdition de vie ou quelque menace d'accident fâcheux, soit au contraire qu'ils l'attribuassent au départ d'un mauvais esprit ou à l'influence, sinon à l'invasion, d'un esprit protecteur.

Vie à vous, dit-on aux îles Samoa [III]. Les indigènes des îles Fidji, lors d'un éternuement, s'écrient : *Mbula*, c'est-à-dire *Puissiez-vous vivre* ou *Portez-vous bien*. Et la personne qui a éternué répond poliment : *Mole (merci)*. Anciennement l'étiquette fidjéenne était plus exigeante, l'éternuant devait ajouter : *Je souhaite que l'on vous aide !* ou *Puisse votre femme avoir des jumeaux* [1] *!*

Chez les vrais nègres du Gabon, la politesse exige que les inférieurs de celui qui éternue fassent des vœux pour sa santé.

Au Dahomey, et dans toute la région du Niger, les nègres saluent celui qui éternue et lui disent : *Que cela te fasse du bien au ventre !* Les satisfactions du ventre représentent pour eux la félicité parfaite [2].

---

1. C. F. Gordon-Cuming, *At Home in Fiji*, p. 105, cité par R. MEANS-LAWRENCE, *The magic*, etc., p. 235.

2. D^r Ch. Brisard, *L'Eternuement*, p. 45, je ne sais sur quelles autorités.

Que ces sortes de vœux aient été pratiqués en Chine, la fable suivante en témoigne :

« Un rat et un chat étaient tranquillement assis à l'entrée de leur gîte particulier. Le rat n'osait sortir de son trou. Tout à coup un éternuement retentit dans l'intérieur. Le chat dit d'un ton bienveillant : *Mille années je vous souhaite.* Les autres disent : Puisqu'il est si respectueux, qui nous empêche de lui faire une visite ? — Est-ce qu'il a jamais eu un cœur sincère ? repartit le premier rat. — C'est uniquement pour me tromper qu'il me souhaite de longues années. Si je sortais, il me croquerait à belles dents [1]. »

L'usage des vœux et des salutations aux gens qui éternuent a été si général et surtout si profondément enraciné que la conversion des sauvages, à l'une quelconque des grandes religions qui règnent aujourd'hui sur le globe, n'a pu le faire disparaître. Chez les Hindous de nos jours, celui qui éternue ne manque jamais d'invoquer Rama [XVIII-XIX]. Mais c'est surtout l'usage des vœux et des bénédictions qui a survécu.

Les anciens Grecs, après avoir éternué, invoquaient Zeus. Nous le savons, grâce à une charge amusante que nous a conservée l'Anthologie :

> Proclus ne peut se moucher avec ses doigts,
> Car sa main est trop petite pour la taille de son nez ;
> Lorsqu'il éternue, il n'invoque pas Zeus parce qu'il n'entend pas
> Son éternuement, tant il éclate loin de son oreille [2].

Et lorsqu'ils n'évoquaient pas le souvenir des cieux, tout au moins s'inclinaient-ils devant le Dieu [3].

---

1. *La forêt des contes pour rire* (recueil de fables chinoises), trad. par Stanislas JULIEN, dans *Les Avadanas, contes et apologues indiens... suivis de fables et de nouvelles chinoises*, Paris, 1859, in-16, II, 151.

2. *Anthologie Palatine*, XI, 268 ; *Anthologie Grecque*, éd. Brunchii, 1794, III, 95.

3. Cf. Aristote et Athénée.

Les anciens Romains, comme les Grecs, avaient paganisé les salutations primitives. Pline nous rapporte que certaines personnes estimaient plus religieux de nommer alors celui qu'on saluait [XLIII]. Sans doute s'écriait-on : Que Jupiter donne vie à Marc ou à Virgile!

Dans certaines religions on ne se contenta pas d'adopter l'ancien usage, on imagina de le justifier par des raisons nouvelles. Ce serait précisément le cas des bouddhistes au Siam et au Laos, s'il faut en croire le Père Tachard.

Les Siamois « se persuadent que le premier juge des enfers, qu'ils appellent Prayomppaban, a un livre où la vie de chaque homme en particulier est écrite, qu'il le relit continuellement et que, lorsqu'il est arrivé à la page qui contient l'histoire de telle personne, elle ne manque jamais d'éternuer. C'est pour cela, disent-ils, que nous éternuons sur la terre ; et de là est venue la coutume qu'ils ont de souhaiter une heureuse et longue vie à tous ceux qui éternuent [1] ». Aussi bien ceux de Siam et de Laos disent ordinairement : *Que le jugement vous soit favorable !* [2]

Au reste, nous trouvons, dans les *Jatakas*, une anecdote qui témoigne non seulement de la lutte qui fut tentée par le bouddhisme contre la salutation aux éternuants, mais nous fournit un conte explicatif de cette indéracinable coutume :

Un jour que le maître (Bouddha) prêchait, assis dans le Monastère royal, au milieu des quatre classes de ses disciples, il éternua. Les moines poussèrent des cris et menèrent grand bruit, disant : *Vive le Seigneur béni ! Vive le Bouddha !* Le tapage fut tel qu'il mit fin au sermon. Le Béni dit aux moines : « Mendiants », lorsqu'on éternue, est-ce que la vie ou la mort dépendent du mot *Vivez ?* — Non, en vérité, Seigneur. — Mendiants, vous ne direz donc plus *Vivez !* en entendant éternuer.

1. [R. P. Tachard], *Voyage de Siam des Pères Jésuites envoyés par le Roy aux Indes et à la Chine*, Amsterdam, 1688, in-12, p. 287.
2. Abbé Bertrand, *Dictionnaire des Religions*, Migne, 1849, II, 588.

Celui qui le dira pèchera et devra recourir à la confession et à l'absolution.

Or, il arriva que les gens du commun, quand ils entendaient les moines éternuer, disaient : *Vivez, Révérends Messieurs !* Les moines avaient la mauvaise habitude de ne pas répondre. Les gens étaient offensés et disaient : Comment se fait-il que les prêtres qui suivent le prince Çakya ne répondent pas quand on leur dit : *Vivez, Révérends Messieurs ?* L'affaire fut contée au Béni. Et il dit : « Mendiants, on ne pourrait souhaiter des peuples plus superstitieux que ceux qui ne sont pas convertis. Je consens, mendiants, à ce que vous répondiez : *Vivez long-temps !* lorsque l'un de vous sera salué de *Vivez, Révérends Messieurs !* »

Les moines demandèrent alors au Béni : « Seigneur, d'où vient donc la coutume de dire *Vivez !* et de répondre *Vivez ?* » Et le maître dit : « Mendiants, cette coutume naquit dans des temps anciens. » Puis il leur raconta cette histoire :

Le futur Bouddha et son père Gagga tentèrent de passer la nuit dans une maison hantée par un yakka (ogre). Ce yakka avait la permission de manger toutes les personnes qui en-traient, excepté celles qui disaient *Vivez !* en entendant éter-nuer, et ceux qui disaient *Vis aussi !* quand ils entendaient dire *Vivez !* Il demeurait sur un pilier. Désirant faire éternuer Gagga, il envoya une fine poussière. La poussière entra dans les narines de Gagga. Il éternua. Son fils, le futur Bouddha, ne dit pas *Vis !* et le yakka descendit pour le manger. Le futur Bouddha pensa : Ce doit être celui qui fit éternuer mon père, le yakka qui mange tous ceux qui négligent de dire *Vivez !* en entendant éternuer. Aussitôt, il adressa cette stance à son père :

> O Gagga, vis cent années
> Et vingt autres avec ;
> Ne laisse pas les pisacas [1] me manger ;
> Vis encore cent automnes !

---

1. Remarquez que le futur Bouddha dit pisacas et non yakka. Les pisacas ou gobelins étaient une race d'êtres surnaturels placés, semble-t-il, au-dessous des yakkas ou des ogres.

Le yakka, ayant entendu les paroles du futur Bouddha, se dit : Je ne puis manger cet homme, parce qu'il a dit : *Vivez !* mais je mangerai son père. Ce disant, il arriva en présence de Gagga, qui, le voyant approcher, pensa : Ce doit être le yakka qui mange tous ceux qui ne disent pas : *Vis aussi !* En conséquence, Gagga adressa cette autre stance à son fils :

> Vis aussi une centaine d'années,
> Et vingt autres avec.
> Que les pisacas mangent du poison ;
> Vis encore cent automnes !

Le yakka, entendant ces mots, s'en retourna, se parlant ainsi : — Ces deux là, je ne puis pas les manger.

Alors le futur Bouddha réprimanda, apprivoisa et convertit le yakka [1].

Je ne crois pas que le judaïsme ait jamais cherché à supprimer les salutations. Mais il a sa légende étiologique.

Voici la fable qu'imaginèrent de graves rabbins pour expliquer l'origine de l'éternuement :

« Après la création du monde, Dieu fit, entre autres, sept choses merveilleuses. Les trois premières et les trois dernières ne font rien à notre sujet ; la quatrième fut une loi générale qui portait que tout homme vivant n'éternuerait jamais qu'une fois, et que dans le même instant il rendrait son âme au Seigneur sans aucune indisposition préliminaire. Dans ce temps-là, de bonne grâce ou non, il fallait s'accoutumer aux morts subites, qui nous font aujourd'hui tant de peur. C'était la loi, c'était la règle générale, il fallait en passer par là. Cette fâcheuse mode dura jusqu'au patriarche Jacob. Ce saint homme

---

1. H. C. **Warren**, *On Superstitious Customs connected, with Sneezing*, dans *American Oriental Society Proceedings at Boston*, (1885), t. XIII, pp. XVIII-XIX, d'après une traduction abrégée des *Jatakas*, (cf **Fausbœll's**, *Jataka*, II, 15). La plus ancienne mention connue dans la littérature bouddhiste des pratiques superstitieuses en relation avec l'éternuement se trouve dans le *Jaiminiya-Brahmana*, II, 155. Voir **H. C. Warren**, *op. cit.* p. XX.

ayant fait de sérieuses réflexions sur cette manière brusque de sortir du monde, sans aucune préparation, s'humilia devant le Seigneur ; il lutta encore une fois avec lui pour obtenir la grâce d'être excepté de la règle, et d'être averti de sa dernière heure, afin de pouvoir donner ordre aux affaires de sa conscience et de sa nombreuse famille. L'homme de Dieu fut exaucé ; il éternua et ne mourut point. Grande merveille ! C'était alors comme qui dirait, aujourd'hui, qu'il expira sans rendre l'âme. Autre sujet d'étonnement ; au lieu de mourir, il tomba malade : *Infirmatus est Jacob ;* ce que l'on n'avait jamais vu. On ne connaissait point alors d'autre maladie que l'éternuement qui tuait son homme tout d'un coup. Ces deux événemens inouïs, arrivés coup sur coup à un personnage de cette importance, au père du premier ministre, firent grand bruit dans le monde. Toutes les académies de l'Egypte, tous les journaux des savans, toutes les gazettes du tems, tous les Mercures historiques ou même galans firent leurs observations sur ces symptômes extraordinaires qui semblaient devoir changer l'ordre de la nature. Tous les princes de la terre furent informés du fait ; et en ayant appris toutes les circonstances, la cause occasionnelle et les suites, ils ordonnèrent tout d'une voix qu'à l'avenir les éternuemens seraient accompagnés d'actions de grâces pour la conservation et de vœux pour la prolongation de la vie [1]. »

Ainsi se trouvent amplement justifiées les diverses salutations judaïques : *A votre santé ! Bonne santé ! Bonne vie ! Puissiez-vous vivre longtemps* [2] !

Ce sont d'ailleurs des juifs qui ont imaginé, et sans

1. Morin, dans *Mém. Acad. des Ins. et B. L.*, 1746, IV, 327-329, reprod. dans LEBER, *Collection*, VIII, 376-377, d'après *Pirkè*, RABBI ELIEZER c. 52. — Voir aussi Jalkout, sur *Genèse*, § 77 ; *Job*, § 927 *in fine*. — Cf. également *Sanhédrin*, 107 b ; *Baba Metzia*, 87 a ; *Zohar*, section de *Teroumah*, 174 b ; *Midrasch Rabbah* sur *Genèse*, § 65.

2. Talmud de Babylone, *Berachoth*, 53 a ; Talmud de Jérusalem, *Berachoth*, VI, 6 ; — La *Tosephta Schabbath*, VII, 8, condamne cet usage comme superstitieux. Cf. Moïse Schuhl, *Superstitions et coutumes populaires du judaïsme contemporain*, Paris, 1882, p. 33 et notes.

doute assez tardivement, cette fable pseudo-grecque qui fait remonter l'origine de notre salutation à Prométhée. La voici :

Lorsque Prométhée eut donné la dernière main à sa figure d'argile, il fut question de lui donner le mouvement et la vie. Son savoir-faire n'allait pas jusque-là. Pour en venir à bout, il eut besoin du secours du ciel. Il y fit un voyage, sous la conduite de Minerve. Après avoir parcouru légèrement les tourbillons de plusieurs planètes, où il se contenta de ramasser en passant certaines influences qu'il jugea nécessaires pour la tempérance des humeurs, il entra dans celui du soleil. C'était là qu'il avait affaire. Alors, et longtemps depuis, cet astre passait pour l'âme du monde, pour l'auteur de la vie et pour le père de la nature. Il s'approche de son globe, sous le manteau de sa patronne, avec une fiole de cristal faite exprès. Il la remplit subtilement d'une portion de ses rayons, et, l'ayant scellée hermétiquement, il revient d'un plein vol à son ouvrage favori. Sans perdre un moment, il présente son flacon au nez de sa statue ; il l'ouvre, et les rayons solaires, qui n'avaient rien perdu de leur activité, s'insinuent, par le canal de la respiration, dans les pores de l'os spongieux avec tant d'impétuosité, qu'ils y produisent leur opération ordinaire que nous éprouvons tous les jours en regardant fixement cet astre ; ils la firent éternuer, après quoi ils se répandirent, en un moment, par les fibres du cerveau, dans les artères et dans les veines, pour animer toute la masse. Prométhée, charmé de l'heureux succès de sa machine, se mit en prières ; il fit des vœux pour l'ouvrage de ses mains et pour sa conservation ; son élève l'entendit, il s'en souvint sans en perdre un mot. Les premiers objets font des impressions profondes qui ne s'effacent point. Dans la suite de sa vie, il eut grand soin de répéter les mêmes souhaits dans les occasions semblables, et d'en faire l'application à ses descendants, qui, de père en fils, l'ont perpétuée de génération en génération, jusqu'à ce jour dans toutes leurs colonies [1].

1. H. Morin, dans *Mém. Acad. Ins. et B. L.*, 1746, IV, 326-27, reprod. dans C. Leber, *Collection*, VIII, 372-374, d'après le *Mercure* de novembre 1712. Voir Ross, *Arcana Microcosmi*, append., p. 222.

Cette fantaisie de lettré israélite paraît avoir eu un assez vif succès, si l'on en juge par l'abondance des versions [LIV à LVI].

La christianisation de la coutume de saluer l'éternuement, coutume encore répandue parmi tous les chrétiens, est bien autrement instructive. Nous voyons d'abord les Pères combattre l'idée que l'on puisse considérer l'éternuement comme un présage. Origène écrit :

> Si l'âme des oiseaux est divine parce qu'ils annoncent l'avenir, combien plus le sera celle des hommes qui l'annoncent aussi ? On le doit avouer sans doute. Ainsi cette esclave, à qui Homère fait dire, des amants de Pénélope : — Puissent-ils souper ici pour la dernière fois ! — cette esclave aura eu en soi quelque chose de divin, et Ulysse n'aura rien eu de tel, malgré sa sagesse et toute l'amitié de la Minerve homérique ; car le poète se contente de dire de ce héros, qu'il a compris le présage et qu'il s'en est réjoui. — Cependant, dit-il, à ce présage Ulysse fut rempli de joie. — Remarquez encore que, si les oiseaux ont une âme divine, et s'ils sentent l'impression de Dieu ou des dieux, comme parle Celse, il faut aussi que les hommes, quand ils éternuent, le fassent par quelque chose de divin qui soit en leur âme, et qui leur donne un pressentiment de l'avenir. Car l'éternuement est mis assez généralement au nombre des présages. Témoin ce passage du poète : — Il répond à sa prière par un éternuement ; — et cet autre où il fait dire à Pénélope : — Ne vois-tu pas que mon fils a éternué à chacune de mes paroles ?
>
> Mais le vrai Dieu, pour annoncer l'avenir, loin de se servir des animaux sans raison, n'y emploie pas même des hommes du vulgaire [1].

Dans un sermon contre les augures, saint Augustin s'exprime encore avec plus d'autorité :

> Ne vous arrêtez pas aux éternuements et ne leur accordez

---

1. Origène, *Contre Celse*, IV, 94-95, trad. de Genoude dans *Les Pères de l'Eglise*, VIII, 437-438.

aucune considération. Ces observances sont non seulement sacrilèges mais ridicules [1].

Depuis lors ces paroles ont été reprises ou commentées par maints auteurs chrétiens. Il suffira de citer un démonologue du xvie siècle.

Semblablement ne veuillez pas observer les divinations... Il ne faut point aussi prendre garde ny observer les esternuemens, mais toutesfois et quantes qu'il vous sera besoing d'aller quelque part faictes le signe de la croix [2].

Depuis le concile de Leptines, en 743, qui condamne les augures tirés des oiseaux, des chevaux, de la fiente des bœufs ou des éternuements, on pourrait citer de nombreux sermonnaires qui, comme Alcuin ou Jean de Salisbury, condamnèrent la divination par l'éternuement [LVII à LX].

Implicitement l'Eglise chrétienne refusait donc à l'éternuement un caractère sacré, mais alors pourquoi la salutation et comment la justifier puisqu'on ne pouvait la déraciner ? Ce fut l'œuvre de la légende. La peste qui fit de si grands ravages à Rome, en 589-590 [3], servit de thème. Voici le développement qu'il a reçu dans le *Rational* de Guillaume Durand au xive siècle :

La grande litanie se dit à la fête du bienheureux Marc. C'est le bienheureux Grégoire qui l'a composée à cause de la peste dite inguinale (ou enflure de l'aine). Paul, moine du Mont Cassin, historien des Lombards, décrit ainsi la cause de cette institution. Il dit que du temps du pape Pélage il y eut une telle inondation dans l'Italie, que les eaux montèrent

---

1. **Saint Augustin,** *Sermon* CCLXXVIII, dans *P. L.*, XXXIX, 2269. De même *De rectitudine catholicæ conversationis*, 5, dans *P. L.*, XL, 72.

2. **Pierre Massé,** *De l'Imposture et tromperie des diables,* Paris, 1579, in-8°, p. 97. [Inv. R.. 43297-99].

3. **Grégoire de Tours,** *Hist. Eccles.* X, 1 ; **Grégoire le Grand,** *Epist.* II, 11, 6 ; **Jean le Diacre,** *S. Greg. Magni Vita,* I, 39-43. *P. L.* LXXV, 79-81, et **Paul Diacre,** *S. Greg. Magni Vita,* c. 10-13, *P. L.* LXXV, 45-48.

jusqu'aux fenêtres supérieures du temple de Néron, cependant sans y entrer ; alors par le Tibre remonta une multitude de serpents, parmi lesquels était un immense dragon d .it le souffle ou la respiration corrompit l'air, d'où résulta la peste inguinale. De tous côtés mouraient subitement ceux qui étaient atteints du fléau et Rome fut presque entièrement dépeuplée. Alors le pape Pélage prescrivit à tous un jeûne et une procession. Mais pendant la procession le pontife mourut lui-même avec soixante-dix autres. Grégoire Ier, surnommé le Grand, lui succéda et ordonna que cette litanie fût pratiquée dans tout le monde chrétien.

Or on dit que les Romains avaient été affligés de ladite contagion inguinale parce qu'après avoir vécu dans la continence pendant le carême et après avoir reçu à Pâques le corps du Seigneur, ils s'étaient livrés ensuite aux jeux, aux excès de table et à l'impureté. Or cette peste sévit avec tant de fureur, que partout on mourait subitement, de sorte que l'on rapporte qu'en éternuant, on rendait souvent le dernier soupir. Aussi lorsque quelqu'un éternuait, celui qui l'entendait, accourant aussitôt, disait : *Dieu te soit en aide !* De là, dit-on, la coutume de dire, quand on entend quelqu'un éternuer : *Dieu te bénisse ou te soit en aide !* On rapporte qu'en bâillant on rendait souvent le dernier soupir ; aussi, quand on sentait qu'on allait bâiller, on se hâtait de faire le signe de la croix, coutume qui a également été observée jusqu'à nos jours [1].

1. G. Durand, *Rationale divinorum officiorum*, VI, 102, 2-3 ; trad. Ch. Barthélemy, Paris, 1854, IV, 274-276. Le fait est d'abord rapporté par Grégoire de Tours (*Hist. Eccles.* X, 1), dans lequel le récit présente un aspect beaucoup moins miraculeux ; il n'y fait pas mention de l'éternuement. Grégoire le Grand (*Epist.* II, 11, 6), et les deux biographes de ce pape, Jean le Diacre (*Vita Greg.* 1, 41-43) et Paul Diacre (*Vita Greg.* c. 10), qui parlent aussi de cette peste et de l'institution de la litanie, le font avec quelques différences mais sans rien dire davantage de l'éternuement. C'est cependant ce dernier, dans son *Histoire des Lombards*, qui paraît être l'auteur de cette singulière exégèse. — Amalaire, *De officiis ecclesiasticis*, Jean Beleth, *Rationale divinorum officiorum*, Jacques de Voragine, *Legenda aurea* et G. Durand, que nous avons cité, ne font que démarquer Paul Diacre avec plus ou moins d'exactitude. Voragine ne dit rien de l'éternuement.

Cette légende fut consacrée à la fois par des chroniqueurs, tels, en Alsace, Kœnigshoven et Kleinlawel, et par des historiens tels Sigogne en Italie, et Velly en France [1]. Les polygraphes, préoccupés de l'origine de nos usages, Polydore Virgile, Du Verdier [LXI-LXII] ne manquèrent pas de faire écho.

Chose plus curieuse encore, cette légende fut rafraîchie et modernisée grâce à de curieux anachronismes.

En l'an 1353, écrit Ch. Joliet, une épidémie désignée par les Mémoires de l'époque (??) sous le nom générique de *peste* ravagea le nord de la France et sévit même avec une extrême violence à Paris. La médecine était impuissante contre les atteintes du fléau et les victimes succombaient par milliers. Les symptômes avant-coureurs de cette peste consistaient en des éternuements prolongés, et les assistants y répondaient par une invocation à la protection d'en-haut : Dieu vous bénisse [2].

La tradition irlandaise, de son côté, fait remonter la coutume à l'époque où la peste noire sévissait avec rage dans certaines parties de l'île. Cela nous reporte vraisemblablement vers ce même quatorzième siècle.

A la fin, dit-on, le fléau atteignit une certaine ferme où vivaient un frère et une sœur. Ceux-ci remarquèrent que les gens de la maison qui étaient atteints par la maladie étaient tout d'abord pris d'une violente crise d'éternuement. Ils eurent soin, quand ils la sentirent commencer, de s'écrier : *Dieu m'assiste !* De tous les habitants du district ce furent les seuls qui survécurent. Aussi bien, depuis lors, la pieuse coutume qu'ils avaient instaurée continua de génération en génération [3].

1. **Sigonio** (C.), *De regno Italiæ*, Venise, 1580, I ; **P. F. Velly**, *Histoire générale de France*, 1765, 85.

2. **Ch. Joliet**, *Curiosités des lettres, des sciences et des arts*, Paris, 1884, p. 6 ; **L. Jeny**, dans *Intermédiaire des Chercheurs et des Curieux*, 1892, **XXV**, 214.

3. **Jon. Arnason**, *Legends of Ireland*, 2ᵉ série, p. 646, cité par R. **Means Lawrence**, *The magic*, etc., p. 230-231.

Ces traditions ne sont sans doute qu'un écho déformé et rajeuni de la légende grégorienne. Quoi qu'il en soit, nous pouvons observer que la christianisation de cet usage non seulement juif et païen, mais primitif, est un cas bien typique des démarches de l'Eglise. Elle commence par critiquer et détruire ce qui lui paraît inacceptable et foncièrement irréligieux dans les usages des nouveaux convertis puis non seulement adopte la coutume qu'elle ne peut détruire, en lui donnant toutefois une apparence chrétienne, mais le plus souvent, et c'est ici le cas, elle n'hésite pas à la justifier par des raisons nouvelles, toutes chrétiennes celles-là, sans reculer d'ailleurs devant le conte ou la légende. Les esprits avides de merveilleux trouvent ainsi quelque satisfaction et les esprits raisonnables ne sont pas trop choqués.

Certains savants, entre autres Perkains et Voët, ont vivement blâmé la coutume de saluer l'éternuement parce qu'elle nous est venue des juifs et des gentils. Bien mieux, ils estiment que cette coutume doit passer pour criminelle puisque les pères de l'Eglise l'ont condamnée.

Mais, — proteste Chevreau, — ils n'ont condamné que la superstition et les augures que l'on tirait d'éternuer le soir, le matin ou à minuit, à certaines heures, à droite ou à gauche, une fois ou deux, sous le signe du Bélier, du Taureau, du Sagittaire, du Capricorne, etc., et il ne faut que le sens commun pour être assuré que cela ne présage ni bien ni mal. Mais si nous souhaitons bonheur et santé à nos parents et à nos amis quand ils s'embarquent pour un long voyage, ou qu'ils entreprennent une grande affaire, où est le mal de leur dire : *Dieu vous soit en aide !* quand ils éternuent, puisque l'éternuement est une espèce de convulsion et d'épilepsie de courte durée ; qu'il est nuisible quand il est violent et redoublé ; que nous savons des historiens et des médecins, qu'il a été suivi de la mort en quelques rencontres, et qu'il en est même quelquefois un signe [1] ?

1. J. Collin de Plancy, *Dictionnaire infernal*, 6e éd., Paris, 1863, p. 252-253.

De bons esprits rejoignaient ainsi l'Eglise et semblaient même renforcer les raisons qu'elle avait fournies de la coutume. En fait, l'usage peu à peu devenait une simple politesse et perdait tout caractère religieux.

Dans la France du xviie siècle, la politesse exige que l'on salue celui qui éternue soit en levant son chapeau soit en faisant la révérence. On accompagnait ce salut d'un souhait mais il était de bon ton de se taire lorsque ce petit accident était arrivé à quelque seigneurerie.

La coutume était de rigueur en Allemagne et en Angleterre à la même époque. Toutefois, dans ce dernier pays, on ne se privait pas de la railler. Oyez plutôt ces bons conseils tirés d'un livre anglais du début du xviie siècle :

> Lorsque vous éternuez tournez-vous bien en face
>   Du visage de vos voisins.
> Pour ma part, quand il m'arrive d'éternuer,
>   Je ne connais pas de meilleure place.
> Eternuer ainsi, c'est un ordre aux braves gens
>   De prier pour vous.
> Signifiez-leur que vous faites ainsi, parce que vous pensez
>   Que ce sont de tout à fait vrais amis.
> Pour que vos amis puissent savoir que vous éternuez
>   Et puissent prier pour vous,
> Faites en sorte de ne jamais oublier d'éternuer
>   Toujours pleinement dans leur visage ;
> Mais si vous entendez quelque autre qui éternue,
>   Même s'il s'agit de votre père,
> Ne dites pas : Dieu vous bénisse, mais plutôt :
>   Dieu vous engorge ou quelque souhait analogue [1].

Dans l'Islam, on prétend que la salutation aux éternuements fut déjà pratiquée par Mahomet et qu'il a ordonné d'adresser un souhait à celui qui éternue [LXIV-LXV]. S'il

---

1. *The School of Slovenrie*, by R. F., 1605, p. 6, cité par W. C. Hazlitt, *Faiths and Folklore*, London, 1905, II, 554.

faut en croire les autorités citées par El-Bokhari, l'islamisation de la coutume remonterait donc au fondateur de la religion. Il est tout au moins fort vraisemblable qu'il n'y fit aucune opposition et tout uniment toléra la pratique judéo-chrétienne.

Non seulement les chrétiens et les musulmans ont continué les vieux errements judéo-païens ; mais, comme les gens du peuple ne savaient plus pourquoi les primitifs ni eux-mêmes pratiquaient la salutation, ils imaginèrent diverses fables pour la justifier. N'était-ce pas, d'ailleurs, utile pour mater les individus plus ou moins indociles qui se permettaient de railler ces vœux ?

Un conte picard va nous fournir un spécimen de ces sortes de traditions fort répandues en Allemagne :

Près de la route d'Englebelmer (Somme), se tenait autrefois un homme qui passait toutes les nuits à éternuer d'une façon continue. A quelque heure que l'on pût passer en cet endroit, on n'entendait que des *atchi ! atchi ! atchi !* sans cesse répétés : aussi les passants s'enfuyaient-ils en se disant : *C'est l'éternueu !*

Bien des fois, les jeunes gens des villages voisins s'étaient réunis, le soir, pour surprendre l'éternueu, mais quand ils étaient arrivés au lieu d'où partaient les *atchi ! atchi !* ils n'entendaient plus rien et le bruit ne reprenait que quelques minutes après et à cinquante pas plus loin. L'homme ou le lutin se donnait le plaisir de faire courir les jeunes paysans le long de la route d'Englebelmer et toujours il demeurait insaisissable.

On avait fini, de guerre lasse, par s'habituer à l'éternueu, et, comme le lutin n'avait jamais fait de mal à personne, on en vint à ne plus craindre de passer par la route et l'on se contenta de se signer dévotement quand le bruit bien connu parvenait aux oreilles.

Un soir d'été, par un beau clair de lune, un paysan revenait d'un marché voisin. Bientôt il entendit les *atchi !* de l'éternueu, mais il ne s'en inquiéta pas. Sans doute, le lutin n'avait pas autre chose à faire, car il se donna le plaisir de suivre le

paysan pendant un bon quart de lieue en poussant son *atchı !*
incessant. A la fin, le paysan ennuyé s'écria tout à coup :

— Avez-vous bientôt fini d'éternuer ainsi ? Que le bon Dieu
vous bénisse, vous et votre rhume !

Il n'avait pas fini ces mots qu'un fantôme revêtu d'un grand
drap blanc s'offrit à ses yeux : c'était l'éternueu.

— Merci, ami ; tu viens de me délivrer d'un grand supplice.
A la suite de mes péchés, Dieu me condamna à errer autour
de ce village en éternuant sans trêve ni repos, du soir au matin,
jusqu'à ce qu'un vivant charitable me délivrât en me disant :
Dieu vous bénisse !

Bien des années se sont passées depuis ce temps ; il y a
pour le moins cinq cents ans que je viens ici éternuant toujours
dès que je vois un voyageur. Aucun ne m'avait dit : Dieu vous
bénisse ! Heureusement que ce soir j'ai eu la bonne idée de te
suivre et que tu m'as délivré pour toujours. Encore une fois
merci. Adieu !

Le fantôme disparut aussitôt et l'homme put rentrer à
Englebelmer pendant que l'éternueu, délivré de son supplice,
prenait sans doute le chemin du ciel.

A partir de ce jour on n'entendit plus, le soir sur la route,
les *atchi !* du lutin.

C'est de là, ajoute-t-on, que date la coutume de dire à celui
qui éternue : Dieu vous bénisse ! et celle de répondre à ce
souhait par un : Dieu vous le rende ![1].

La tradition alsacienne est encore plus significative, s'il
est possible :

Un habitant de Gumprechtshoffen s'était souvent moqué de
ce : *Dieu l'assiste*, que l'on dit quand quelqu'un a éternué.
Après sa mort, il se trouva condamné à revenir et à errer sous
un petit pont entre Gumprechtshoffen et Zinswiller. Ceux qui
passaient le pont la nuit, ou qui suivaient la route de l'autre
côté de l'eau, l'entendaient éternuer. Mais personne ne voulait
le racheter en disant un : *Dieu l'assiste !* Enfin, une jeune fille

1. E.-Henry Carnoy, *Littérature orale de Picardie*, Paris, 1883, p. 42-44.

qui n'était pas au courant de la chose, passa par là. Entendant éternuer, elle dit, selon sa pieuse coutume : *Dieu t'assiste !* Et la pauvre âme fut rachetée et délivrée [1].

En Angleterre, on rencontre un curieux type de conte où l'on plaide tout au moins l'utilité indirecte du : *Dieu vous aide !* Lancé en faveur de celui qui éternue, il met le diable en fuite au plus grand profit de celui qui formule cette bénédiction.

Il y a trente-trois ans environ, juste après son mariage, Antoine me dit qu'étant un jour dans un de ses champs, il vit un roi. Je lui demandai à quoi il reconnut que c'était un roi. Il me répondit qu'il le reconnut à son air, à son habit qui était de toutes les couleurs et parce qu'il avait de l'or à son cou, de l'or sur sa tête et de l'or sur ses bras. Le roi lui parla et lui dit qu'il fallait qu'il l'aide à trouver une fiancée. Il refusa, mais s'aperçut qu'il y était obligé. Le roi sortit une trompette d'or de sa poche et il souffla dedans et, en une minute, le champ était plein d'hommes et de chevaux. On l'assit sur un de ces derniers et ils se mirent en route à travers un pays qu'il n'avait jamais vu pour arriver à une maison où on allait célébrer des noces. Le roi et ses hommes le conduisirent dans un grenier d'où ils purent regarder à travers un trou et voir les gens de la noce. La jeune mariée s'en allait dans une autre chambre quand elle éternua deux fois et ses amis ne dirent rien. Alors elle éternua de nouveau et Antoine s'écria : « Dieu vous bénisse ! » Et le roi et ses compagnons disparurent en une minute. Les gens de la maison, l'entendant grogner, pensèrent que c'était un voleur et allaient envoyer chercher la police. Il leur dit qu'il n'était pas un voleur et qu'il craignait de n'être

1. Auguste Stœber, *Die Sagen des Elsasses*, Saint Gallen, 1851, n° 252, reproduit par Jean Variot, *Légendes et traditions orales d'Alsace*, Paris, 1920, III, 4, 15. Il est souvent question dans les traditions populaires, note Stœber, d'esprits qui éternuent et ne peuvent être rachetés que par le vœu de bénédiction susdit. On trouvera dans les documents diverses variantes allemandes, d'ailleurs plus ou moins défigurées [LXXIX-LXXXII].

pas cru s'il racontait comment il se trouvait là. Après quelque temps, ils crurent à son histoire et il resta avec eux une semaine. On le reconduisit chez lui en voiture et le voyage prit deux jours. Il descendit à Ballymiles Bridge et s'en alla à pied chez lui. Sa femme et ses voisins pensaient qu'il était parti en Angleterre ; et sa femme était allée chez un cousin près de Kiltymagh dans l'espoir de le trouver et chez leurs amis à Meelich. Je lui demandai s'il avait lu ou rêvé cette histoire. Et il me répondit : « Je ne l'ai ni lue ni rêvée. J'ai vu le roi et j'ai chevauché avec lui. C'est aussi vrai que l'Evangile que le prêtre lit le dimanche [1]. »

Aux contes, qui enseignent plus ou moins directement la nécessité des salutations, on peut opposer un amusant récit qui court, aujourd'hui encore, en Turquie :

Nasreddin Khodja demandait à ses disciples, lorsqu'il éternuait, de le saluer en frappant des mains et en criant : *Haïr Ollah, Khodja !* c'est-à-dire : *Prospérité à toi, ô maître !* Or, un beau jour, le seau tomba dans le puits et Nasreddin dit à ses élèves de descendre pour le prendre et le remonter. Mais, très effrayés, ils refusèrent d'obéir. Alors il se déshabilla et leur ordonna de l'attacher avec la corde et de le descendre doucement au fond. Ainsi fut fait, il attrapa le seau et les jeunes gens le tiraient en haut, lorsqu'étant presque arrivé à la margelle du puits, il fut pris d'un éternuement. Aussitôt ses disciples, l'esprit tout entier aux recommandations du maître, lâchèrent la corde, frappèrent dans leurs mains et se mirent à crier : *Haïr Ollah, Khodja !* Nasreddin fut violemment précipité dans le puits et durement projeté contre les parois. Lorsqu'enfin il fut retiré et déposé sur le sol, il remarqua en gémissant : « Bien, mes fils ! ce n'est pas votre faute, mais la mienne : trop d'honneur n'est pas une bonne chose pour l'homme [2]. »

Il n'est pas rare d'ailleurs que l'usage tourne à la plaisanterie. Le Macédonien qui ajouta à la formule de prospé-

1. *Folk-Lore*, (1914), xxv, p. 340-341.
2. **F. G. Abott**, *Macedonian Folklore*, Cambridge, 1908, p. 114.

rité : *Puisse ta belle-mère éclater !* ne croit évidemment ni à l'importance, ni à l'efficace de la salutation [xcii|. Le Bourguignon qui vous salue d'un : *Dieu vous bénisse avec sa grande bénissoire !* ou le Berrichon qui ajoute au : *Dieu vous bénisse !* traditionnel *et vous fasse le nez aussi gros que la cuisse !* [cxxiv] ne se soucient guère plus de la politesse et de la religion que le Morvandiau qui crie : *Dieu vous déniche !* que le Normand qui vous conseille : *Au cul, le nez pour la froidure !* [cxxiii]. Les Italiens, même les moins instruits, ne paraissent plus attacher d'importance à cette salutation. C'est du moins un proverbe populaire que celui-ci :

C'est un ami au temps de l'éternuement, le plus qu'on puisse en espérer c'est un Dieu vous bénisse [1] !

Salgues, au début du xixe siècle, écrivait déjà : Le genre humain continue d'éternuer et, quand on éternue, il est rare qu'on y pense aujourd'hui [2].

On a, maintes fois, disserté sur l'origine de ces salutations et soutenu, par suite, les hypothèses les plus diverses, voire les plus absurdes.

Une des opinions qui a été le plus souvent répétée est celle même d'Aristote. Il y revient à deux reprises, et coup sur coup, dans *les Problèmes* (section xxxiii). Il écrit :

§ 7. — *Pourquoi dit-on que l'éternuement est un Dieu, tandis qu'on ne dit rien de pareil de la toux, ni du rhume de cerveau ?*
N'est-ce pas parce que l'éternuement se produit de la tête qui, étant le siège de la raison, est ce qu'il y a de plus divin en nous ? Ou bien n'est-ce pas parce que les autres affections viennent de maladie et que celle-là n'en vient pas ?

§ 9. — *Pourquoi l'expulsion des autres vents, comme le pet et le rot, n'ont-ils rien de sacré, tandis que l'éternuement passe pour l'être ?*
N'est-ce pas parce que, des trois régions, la tête, le thorax,

1. R. Means-Lawrence, *The magic of the Horse shoe*, Boston, 1899, p. 206.
2. Salgues, *Des Erreurs et des Préjugés*, 1, 391.

le ventre, c'est la tête qui est la plus divine ? Le pet est le vent qui sort du bas des intestins ; et le rot vient du ventre d'en haut, tandis que l'éternuement vient de la tête. C'est parce que cette dernière région est la plus sacrée, que nous vénérons comme sacré le vent qui en sort. N'est-ce pas aussi parce que tous les vents témoignent que les régions qu'on vient de citer sont alors en meilleur état ? Ainsi, quand on n'a pas d'évacuations alvines, le vent qui sort soulage les patients. Mais l'éternuement soulage la région de la tête, parce que la tête est alors en santé et peut alors opérer la coction. C'est, en effet, quand la chaleur qui est dans la tête l'emporte sur l'humidité que l'air se change en éternuement. Voilà pourquoi, aussi, on essaie de ranimer les mourants en leur donnant un médicament qui les fasse éternuer ; et s'ils ne peuvent rien en ressentir, on juge alors qu'ils sont perdus sans ressource. Par suite, on regarde l'éternuement comme un signe de santé du lieu le plus sacré de tout le corps ; on le salue comme sacré et l'on souhaite du bonheur à ceux qui éternuent [1].

Au xvie siècle, Du Verdier incline encore vers cette opinion, bien qu'il retienne aussi ia fable grégorienne. Un autre écrivain chrétien, Léonard Vair, adopte à peu près la même attitude :

Quant est de ce qu'on saluë de parolles de bon-heur ceux qui esternuent, dit-il, cela ne se fait pas pour apporter quelque chose aux esternuans par le moyen de telles parolles, mais plustost pour démontrer qu'on a tousiours estimé l'esternuement estre un signe de bon augure et l'un des saints et sacrez esprits qui sortent de notre corps. De là est venuë ceste coustume que l'esternuement a tousiours esté estimé une marque de santé et qu'aussi ceux qui esternuent sont saluez par tout ; outre ce qu'on dit qu'au temps d'une pestilence il arriva qu'aussi tost que quelcun venoit à esternuer il tomboit tout incontinent mort [2].

1. **Aristote**, *les Problèmes*, xxxiii, 7-9, trad. Barthélemy Saint-Hilaire, II, 387, 388-389.

2. **Léonard Vair**, *Trois Livres des Charmes, sorcelages ou enchantemens,* Paris, Chesneau, 1583, p. 306-307.

Montaigne, qui fait allusion au même passage du Stagirique, se contente de sourire [cxiv], mais nous retrouvons cette opinion, soutenue encore en plein xviiie siècle :

Ce n'est ni dans la religion, ni dans la superstition, ni dans la morale, que nous trouverons la raison de cette coutume, si ancienne et si générale, écrit H. Morin ; à quoi bon chercher des mystères où il n'y en a point ? C'est uniquement dans la physique, dont les lois sont les mêmes en tous temps et en tous lieux. Cette évacuation du cerveau a toujours été regardée comme une marque de sa chaleur, de sa vigueur, de sa bonne constitution, comme un signe de santé. C'est uniquement en cette qualité qu'elle attire nos compliments, aussi bien que plusieurs autres qui sont plus équivoques, et que nous laissons rarement passer sans les saluer de quelques paroles gracieuses [1].

Mais il y eut toujours un autre courant et parmi ceux qui expliquent l'origine des vœux principalement par des considérations physiologiques, il y en a qui soutiennent que l'on salue l'éternuement surtout parce qu'il est un signe fâcheux et que, par lui-même, il constitue un danger.

Nous avons déjà vu que c'était là une opinion commune parmi les Primitifs qui redoutent avec l'éternuement la fuite de l'âme ou de la vie. Ch. Joliet qui ne paraît pas s'en être douté a écrit en 1884 :

L'éternûment produit une commotion cérébrale qui peut amener un épanchement au cerveau ou une attaque d'apoplexie. Il y a donc comme une menace de mort dans ce phénomène causé par l'irritation des muqueuses nasales, et ce rare danger motive la bénédiction d'usage.

Et il est si persuadé de l'importance du danger par lequel il explique l'origine de l'invocation, qu'il ajoute :

---

1. H. Morin, dans *Mém. Acad. Ins. et B. L.*, 1746, iv, 335, reprod. dans C. Leber, *Collection*, viii, 387.

« Il ne faut pas se contraindre ni se retenir quand on est saisi par l'envie d'éternuer ; il vaut mieux, au contraire, fixer les yeux sur un objet blanc, un nuage, etc. [1] » Tant pis pour le voisin s'il a une figure de carême.

En réalité les facteurs qui ont contribué à l'établissement des salutations et à leur survivance sont de deux ordres, physiologique et philosophique.

L'éternuement n'a été distingué des phénomènes physiologiques analogues, des autres vents en particulier qu'en raison de sa quasi-incoercibilité. Ce qui en fait un phénomène d'exception, c'est qu'il échappe à la volonté et par sa soudaineté et souvent par sa violence.

D'autre part, il est fort vraisemblable que les Primitifs qui tenaient la tête pour une partie du corps particulièrement sacrée, lui ont accordé de ce chef une considération spéciale et les anciens Grecs qui pensent ainsi ne sont que l'écho des générations primitives. Athénée écrit :

Il est évident que les anciens regardaient la tête comme une chose sacrée ; car ils juraient par la tête de... *ils s'inclinaient aux éternuements comme dignes de tout leur respect.* C'était aussi par un signe de tête qu'ils ratifiaient leurs conventions.

Ça marche ! je t'approuverai d'un signe de tête ! dit Zeus dans Homère [2].

Non seulement l'éternuement tire déjà quelque caractère sacré de la tête où il éclate ; mais la généralisation de la secousse qu'il provoque en s'étendant plus ou moins à tous les membres l'a nécessairement fait rapprocher des névroses convulsives. Avicenne l'appelait la petite épilepsie. Or de ce chef encore il rentrait bien dans la catégorie des phénomènes sacrés.

Enfin il est bien certain que son apparition et sa fréquence

1. Ch. Jollet, *Curiosités des lettres, des sciences et des arts*, 1884, p. 6.
2. Athénée, *Le Banquet des Savants*, II, 25, trad. Lefebvre de Villebrune, I, 256.

dans les épidémies de peste ou de typhus où les dangers de mort sont si grands n'a pas peu contribué à lui faire accorder de l'importance et de la gravité. La légende grégorienne et les légendes analogues ne sont pas sans contenir un fond de vérité. Dans de telles circonstances, alors que l'on croyait encore vivement à l'efficace des salutations, la crainte a dû nécessairement les remettre en faveur et leur donner comme une sorte de nouveauté.

Toutefois les considérations physiologiques tirées de son incoercibilité, de son siège principal, de son allure convulsive et même, dans certain cas, de sa valeur de pronostic bon ou mauvais, ne sont pas les seules qui ont contribué à établir l'usage des vœux et, bien que primitives et indispensables, elles ne jouent pas cependant le rôle principal.

La philosophie de l'éternuement chez les Primitifs, et les théories magiques ou magico-religieuses par lesquelles ils l'expliquaient, qu'elles fussent inspirées de l'animisme ou du démonisme, furent le facteur essentiel et prépondérant qui engendra les vœux et les salutations. Il n'est pas rare, en effet, que dans les prières que l'on fait alors pour la prospérité de ceux qui éternuent, l'on s'adresse à l'esprit ou au dieu qui est censé intervenir. La plupart des vœux ont une formule religieuse et se modèlent sur le classique et traditionnel : *Dieu vous bénisse !*

Les observations physiologiques dont nous avons parlé étaient évidemment nécessaires à la naissance de cette philosophie ; mais c'est la nature et la qualité de cette philosophie qui firent tour à tour des vœux une conjuration magique ou une humble prière. C'est l'influence des religions et leurs luttes contre la magie qui transformèrent l'ancienne incantation en invocation religieuse, les anciens vœux impératifs comme : *Vie, reviens !* en de simples supplications comme : *Dieu vous aide !* On ne saurait oublier que, dans l'Eglise chrétienne, bien des gens cultivés considéraient l'éternuement comme un phénomène purement naturel que l'on devait s'efforcer d'atténuer et que, par suite, il était sinon malséant, du moins fort inutile de les saluer.

Dans son *Pédagogue*, Clément d'Alexandrie écrivait :

Nous ne devons point mettre la crèche à côté du fumier, comme les ânes et les bœufs, ni cracher, moucher et manger à la fois. S'il arrive par hasard, que l'on éternue et que l'on rote, il le faut faire avec le moins de bruit possible, de manière à ne pas appeler l'attention même de ses voisins. C'est accuser la plus mauvaise éducation que d'agir autrement. Si l'on est contraint de roter, il le faut faire en ouvrant doucement la bouche, et non point comme les acteurs qui déclament sur un théâtre. Il faut retenir son haleine pour étouffer le bruit que l'on fait en éternuant, de sorte que les secousses de l'air étant arrêtées, on éternue sans que les autres s'en aperçoivent ; et l'air, en sortant de la bouche, n'est chargé d'aucun excrément. C'est une marque d'insolence et d'orgueil, de vouloir éternuer avec éclat au lieu d'en diminuer le bruit [1].

Le bon sens du grand alexandrin a vraisemblablement toujours eu des représentants ; les Anabaptistes et les Quakers, qui rejetaient et condamnaient les salutations adressées à ceux qui éternuent, estimaient sans doute, eux aussi, que c'était là un accident désagréable et qui ne méritait pas tant d'honneur [2] ; ils ne furent pas les seuls à juger ainsi ; on cite Perkains et Voët, on pourrait ajouter Thomas Brown et J.-B. Salgues ; aujourd'hui, on en citerait cent autres. Les gens du peuple eux-mêmes sont devenus fort sceptiques sur l'utilité de ces vœux et négligent souvent de les formuler. L'usage paraît de plus en plus contraire au ton de la bonne compagnie.

---

1. **Clément d'Alexandrie,** *Le Pédagogue,* l. iii, ch. vii, trad. de Genoude dans *Les Pères de l'Eglise,* iv, 301.
2. **E.-B. Tylor,** *La Civilisation primitive,* i, 119.

Chapitre III

DU PRÉSAGE ET DES AUGURES TIRÉS DE L'ÉTERNUEMENT

Le docteur Ch. Brisard nous a laissé une description de l'éternuement bien propre à justifier la valeur augurale qui lui a été si souvent, voire si généralement attribuée :

L'homme qui va éternuer interrompt le mot commencé. On dirait qu'il se recueille tout entier au picotement singulier qui chatouille ses narines. Les yeux se ferment, les idées deviennent confuses, la notion des choses se perd, il semble que l'on s'en va dans une inspiration qui monte lente et profonde. Il y a un instant de légère angoisse, une sorte de court vertige, on se demande si cela va finir, quand tout à coup une expiration brusque et sonore vous ramène à la vie extérieure, et l'on n'est pas sans éprouver quelque bien-être. Marmontel fait allusion quelque part à cette sorte de recueillement qui précède l'expiration libératrice en parlant « de ces éternuements qui vont venir et qui ne viennent jamais ». Nous connaissons des personnes qui recherchent cette sensation de plaisir.

L'éternuement... est un mot articulé, un mot de deux syllabes que le vulgaire atchoum ! traduit assez bien.

Avec ces notions, il nous est facile d'expliquer pourquoi nos premiers ancêtres, les peuples primitifs, disposés à voir le surnaturel dans tout ce qui les étonnait, ont fait de l'éternuement, phénomène bizarre dans sa forme, un acte mystérieux et divin. Nous regardons l'éternuement comme un Dieu, dit Aristote. C'est, en effet, un phénomène qui, par sa brusquerie, échappe à la volonté. Il commande l'attention, il a quelque chose d'irrésistible, d'impératif. C'est un ordre venu d'en haut. Cet état indéfinissable du début n'est-ce pas le dieu qui s'annonce comme sur le trépied de la Pythonisse ? Le bruit, cette sorte de mot, n'est-ce pas le dieu qui parle ? Il fallait bien remercier ou conjurer l'oracle familier qui se manifestait ainsi [1].

Il faut cependant bien avouer que les *atchi*, voire les *atchoum* ne constituent pas des messages bien variés, et que pour multiplier leur signification il était nécessaire de tourner la difficulté.

On a parfois tenu compte de l'intensité du phénomène ; mais bien rarement.

Dans l'île des Lépreux (Nouvelles Hébrides) on juge d'après cela du motif pour lequel le nom de celui qui éternue a été prononcé ; si c'est un éternuement doux on ne lui veut pas de mal, s'il est violent c'est un signe de malédiction [2].

En revanche, il est assez ordinaire de voir tenir compte du nombre des éternuements. Les Dakotas semblent croire qu'il correspond à celui des personnes qui ont parlé de l'éternuant [xi].

A Bombay, un éternuement est de mauvais augure ; mais deux éternuements sont tout à fait rassurants [xxvi].

Les Japonais estiment qu'un éternuement signifie que quelqu'un vous loue ; que deux éternuements présagent la critique ou le mépris ; mais ils n'attachent pas de signification particulière à un triple éternuement sinon qu'une personne a pris froid [3].

En Perse, c'est un présage d'autant plus heureux qu'il est répété plus souvent [xxxi].

Les anciens ne semblent pas avoir attribué grande

1. D^r Ch. Brisard, *L'éternuement*, p. 47-49.
2. R.-H. Codrington, *The Melanesians*, Oxford, 1891, p. 227.
3. Griffis, *Japan*, p. 187, cité par R. Means-Lawrence, *The magic*, etc., p. 219.

importance au nombre des éternuements. Tout au moins
alors que l'occasion s'en présente, ils ne prennent aucun
soin de le noter. Dans le récit suivant, où Pétrone nous
parle d'un triple éternuement, nulle remarque :

Eumolpe allait me croire, et je le persuadais (que Giton
avait fui), lorsque Giton, qu'une respiration longtemps com-
primée suffoquait, éternua trois fois de suite à ébranler toute
la couche. A cette secousse, Eumolpe se retourne et fait à
Giton le souhait d'usage. Puis, écartant jusqu'à la paillasse, il
vit notre Ulysse, dont le Cyclope, même à jeun, eût pu avoir
pitié. Ce fut moi qu'il apostropha : « Qu'est-ce cela, maître
fripon ? Lors même qu'on te démasque tu ne peux prendre sur
toi de dire la vérité. Enfin, si quelque divinité, arbitre des
choses humaines, n'avait arraché à ce petit malheureux l'indice
de son étrange position, je serais ta dupe, et j'irais courant de
taverne en taverne [1]. »

Apulée, comme l'auteur du *Satyricon*, nous a laissé un
conte dans lequel il rit grassement des éternuements réi-
térés, mais sans faire plus de réflexion sur leur nombre.
C'est un véritable fabliau.

La femme de mon ami le foulon, avec sa vertu sans tache
jusqu'à ce jour, et la réputation si bien établie de femme sage
et bonne ménagère, n'a-t-elle pas été s'éprendre de je ne sais
quel godelureau ? On avait journellement des rendez-vous en
cachette. Aujourd'hui même, au moment où, après le bain,
nous revenions nous mettre à table, madame était à s'ébattre
avec son amoureux. Grande confusion à notre arrivée ; mais
elle eût bientôt pris son parti ; et, trouvant une cage d'osier
cintrée par le haut, qui servait à étendre le linge, pour le
blanchir à la fumée de son pré, elle fait blottir le godelureau
dessous. Puis, le croyant bien caché, elle vient prendre sa
place auprès de nous en toute sécurité. Cependant, l'incom-
mode vapeur prend mon gaillard à la gorge ; il respire à peine,

1. **Pétrone,** *Satyricon,* 98, édit. **Nisard,** p. 57.

il suffoque, et, par l'effet naturel de cette substance péné-
trante il éternue à chaque instant. Le mari, qui entend éternuer
du côté de sa femme, car le son partait de derrière elle, la
salue du souhait d'usage en pareil cas, et le répète, et le
réitère à chaque éternuement ; tant qu'enfin cette fréquence
insolite l'étonne ; il se doute de l'affaire. Repoussant aussitôt
la table, il renverse la cage, et en tire le galant presque asphy-
xié. Son courroux s'enflamme à cette vue. Il demande à grands
cris une épée pour achever le traître. J'eus grand peine à le
contenir, en lui représentant à quel danger il nous exposait
tous deux. La violence était d'ailleurs superflue ; infailliblement,
son homme allait périr suffoqué par le soufre. La peur, plus
que mes raisons, l'ont fait rentrer en lui-même, et il est allé
déposer le moribond au premier coin de rue. J'ai alors insinué
à sa femme, et j'ai fini par la persuader, de quitter momenta-
nément la boutique, et d'aller chez quelque amie attendre que
la fureur du mari ait eu le temps de s'apaiser. Celui-ci était
dans un transport de rage à faire trembler pour sa femme ou
pour lui-même. Cette scène m'a ôté l'appétit. J'ai laissé là le
souper de mon hôte et regagné le logis [1].

Le moyen âge n'a pas été aussi raisonnable et le
Dr Hartlieb, qui fut médecin du duc de Bavière, écrivait
en 1455 :

Quand on éternue, on estime que le cerveau s'éclaircit et
cela est regardé comme un grand signe de bonheur ou de
malheur ; on en tire même des prévisions.

Si on éternue *trois fois*, il y a quatre voleurs autour de la
maison.

Si on éternue *deux fois*, il faut se lever et se coucher d'une
autre manière pour s'endormir.

Mais si on éternue *treize fois*, alors c'est particulièrement
bon et ce qui aura apparu en rêve cette nuit arrivera effecti-
vement.

Le matin aussi, quand un homme sort du lit, les éternue-

<hr>

1. **Apulée,** *La métamorphose.* l. ix, éd. Nisard, p. 375-376.

ments signifieront d'autres choses ; et ces choses sont nombreuses, et c'est une réelle « crédulité » [1].

Augustin Nifo (1470-1540 ?), qui fut prêtre et professeur de philosophie à l'académie romaine, nous a laissé un traité des Augures où il consacre deux longs chapitres à l'éternuement. Il prétend que les anciens, Grecs ou Egyptiens, attachaient une grande importance au nombre de fois qu'on éternuait ; bien entendu, il n'en fournit aucune preuve et lorsqu'il se réclame d'Aristote c'est en prêtant au maître des opinions dont il ne nous reste nulle trace.

Cette élucubration s'est-elle inspirée des croyances populaires de son époque ? C'est possible ; mais il est fort probable que presque tout est de son invention.

Après avoir rappelé trois passages d'Aristote, d'Homère et de Théocrite où l'on parle d'éternuements, Augustinus Niphus, c'est son nom en *us*, écrit :

Et de ce précède que la vanité et légèreté des Gentils ont considéré plusieurs superstitions des éternuemens :

1º Plusieurs disent que si quelqu'un pense ou délibère de faire quelque chose et qu'il éternue deux ou quatre fois, c'est un augure et signe que la chose viendra à bonne fin.

2º S'il éternue plus de quatre fois la chose ne sera ni bonne ni mauvaise.

3º Si quelqu'un éternue une fois ou trois qu'il laisse tout à faire et à dire ; car les anciens disent qu'il ne viendra de longtemps facilement à bien.

Si deux hommes ayans délibéré et proposé de faire quelque chose, viennent à esternuer ensemble, qu'ils poursuivent leur projet ; car l'on trouve qu'ils profiteront tant sur terre que sur mer parce que c'est un bon augure ou présage.

4º Et si deux esternuent ensemble deux fois, qu'ils poursuivent leur entreprise : car c'est bonheur et pour faire et pour dire.

1. Dʳ Hartlieb, *Book of all forbidden arts, unbelief and sorcery*, ch. 73 et 74, *writen in* 1455, cité dans Jacob Grimm, *Teutonic Mythology*, London, 1888, IV, p. 1772.

5° Si quelqu'un vient en quelque lieu nouvellement s'il esternue une fois, ce qu'il a délibéré viendra à bonne fin.

6° Si l'on esternue une fois la nuict cela signifie gains et profits à quelqu'un de ceux de la maison ; mais s'il esternue deux fois, cela dénote dommage à venir duquel aura sa part celuy qui a esternué.

7° Deux éternuemens faicts en toute la nuict par quelqu'un de ceux de la maison, cela dénote qu'il mourra quelqu'un d'icelle maison ou qu'il escherra dommage ou bien un très grand profit.

8° L'homme estant en son lict, s'il veille, et qu'il esternue une fois, cela luy prédit quelque mal à venir comme maladie ou telle chose semblable. Mais s'il dort et qu'il esternuë au moment même où il s'éveille, c'est chose plus mauvaise : car cela signifie ou une grande fascherie ou la mort de celuy qui esternuë ou un grand empeschement ou perte de ses biens.

10° Et si quelqu'un estant en son lict, et qu'il veille, s'il esternue deux fois, il luy viendra quelque bonne aventure et gain et santé s'il estoit malade, et s'il dormoit de tant meilleur sera-ce.

11° Certes si quelqu'un durant la nuict jusques à trois heures n'esternuë que deux fois, ce luy dénote honneur ou gain à venir.

12° Quand quelqu'un a travaillé et cheminé tout au long du jour, ou bien une partie pour trafiquer en marchandise, puis entrant en un logis ou taverne pour se reposer, s'il y esternuë deux fois, qu'il change de logis, car il aura profit au logis qu'il changera ; s'il demeure au premier, il y aura perte et dommage.

13° Si quelqu'un va en aucun lieu pour faire quelque chose ; s'il éternue incontinent seulement une fois, qu'il abandonne soudainement ce lieu-là, car, certes, il aura profit en un autre lieu ; mais s'il éternue deux fois, il pourra seulement changer et transporter sa marchandise du premier logis en l'autre.

14° Si quelqu'un a faict quelque traité ou pacte d'aucune chose et qu'il esternue une fois, on tient pour certain que l'appointement sera stable ; mais s'il esternue trois fois, le contrat sera nul.

15° Le lundy au matin, quand quelqu'un se lève du lict,

s'il esternue (une fois), aura gain et profit toute celle semaine ;
et s'il esternue deux fois, c'est le contraire.

16° Si quelqu'un ayant perdu un cheval, un anneau ou quelqu'autre chose, en sortant de sa maison pour la chercher, s'il
esternuë une fois, il la trouvera, mais s'il esternue deux fois,
jamais ne la verra.

17° Le jour du Dimanche, si quelqu'un en sortant du lict
esternue trois fois, cela signifie bonheur, mais s'il esternue
deux fois, c'est malheur à venir.

18° Si quelqu'un commençant à disner esternuë deux fois,
c'est bonheur, mais s'il esternue une fois, il luy viendra
malheur.

19° Aristote dit, et les médecins l'approuvent : Si un homme
est malade, et on doute s'il vivra ou non, si cependant il
esternue une fois, c'est signe de mort ; et s'il esternue deux
fois, il eschappera[1]. Le contraire est aux femmes, car si la
femme esternue une fois, c'est signe de santé et de bien, et si
elle esternuë deux fois, c'est un signe de mort.

20° Quand quelqu'un chemine parmy une forêt, s'il esternue
deux fois, il eschappera de la main des brigands et larrons ;
mais s'il esternue seulement une fois, c'est très mauvais signe.

Ce sont les choses lesquelles les Egyptiens ont observées et
prises pour les augures qui se prennent d'esternuer, combien
qu'il y en a de plus frivoles, lesquelles je ne dy pour le présent[2].

Les fantaisies gréco-égyptiennes du docte Italien eurent
certainement de l'écho dans l'Europe du xvi° siècle. On les
retrouve reproduites dans un manuscrit anglais de la
seconde moitié du xvi° conservé au British Museum [ci].

Les présages que l'on tirait, hier encore, du nombre des
éternuements en Europe témoignent-ils du prolongement

1. On a vu plus haut ce que dit Aristote de l'éternuement des malades ;
il ne donne aucune attention au nombre des expirations.

2. Augustinus Niphus, *Des Augures ou Divinations*, trad. A. du Moullin,
dans Artémidore, *Les jugements astronomiques des songes*, Paris, 1664,
p. 216-221.

de cette influence ou sont-ils des survivances d'une origine beaucoup plus ancienne? Il est bien difficile d'en décider ; mais, j'inclinerais plus volontiers à la seconde opinion, surtout en raison du rôle prépondérant que l'on accorde au nombre trois, ce qui n'est pas le cas dans l'exposé de notre Augustin Nifo.

En Ecosse et en Irlande, comme nous l'avons vu, un nouveau-né n'est désensorcelé qu'après avoir éternué trois fois, et ce triple incident est considéré comme une preuve de grande intelligence [xcxvi-xcvii].

Pour les Anglais du Suffolk, éternuer trois fois avant le déjeuner annonce un présent [cix] ; en revanche, pour ceux du Sussex, lorsqu'un chat éternue trois fois, c'est un mauvais augure [cviii]. Dans le comté d'Oxford, éternuer une fois signifie un désir, deux fois un baiser et trois fois un désappointement [cx, A].

En 1848, en croyait encore en Lorraine « qu'éternuer trois fois le matin, quand on est à jeun, annonce qu'on recevra sûrement un cadeau dans le courant de la journée » [1].

Dans le pays de Briey, Lantefontaine, Génaville, les Baso-ches et autres localités de ce pays, c'est d'un très mauvais augure si une femme éternue *trois fois le matin*, avant d'avoir ôté sa cornette de nuit et noué sa jupe ; ce présage devient très mauvais, si en même temps on voit des araignées se balan-cer au plafond, et surtout au-dessus du lit et si la première personne qui entre dans la maison est une vieille femme. Pour conjurer le malheur qui menace, après avoir aspergé un balai d'eau bénite on le met derrière la principale porte de la maison, mais le manche en bas [2].

Les Wallons disent : Vous recevrez une nouvelle, si vous éternuez trois fois de suite, avant le premier déjeuner [3].

---

1. M. **Richard**, *Trad. pop., Croyances superstitieuses, Usages et Coutumes de l'ancienne Lorraine*, Remiremont, 1848, p. 127.
2. E. **Auricoste de Lazarque**, dans *Rev. des Trad. pop.*, 1895, x, 278.
3. R. **de Warsage**, *Le Calendrier populaire wallon*, Anvers, 1920, p. 42.

Dans le monde des ouvrières parisiennes, on croit encore aujourd'hui que, si l'on éternue trois fois de suite, c'est signe de mariage et cadeau par dessus le marché [CXXI, B].

Parmi ceux qui considéraient l'éternuement comme l'œuvre d'un esprit, on ne se contentait pas de nombrer les secousses, mais on tenait compte des circonstances de temps et de lieux.

D'une façon générale, les éternuements qui arrivent au début d'une cérémonie ou même de quelque expédition sont considérés comme de mauvais présages, en Océanie et en Asie. M. Mariner, qui séjourna longtemps, et malgré lui, aux îles Tonga dans le Pacifique, faillit être la victime de cette croyance.

Finow II devait, ce jour-là, procéder à une fête funèbre en l'honneur de son père, le roi Finow Ier, « quand malheureusement survint un accident auquel on n'aurait fait aucune attention en Europe, mais qui, dans l'esprit de ce peuple, pouvait avoir les conséquences les plus sérieuses. Le hasard voulut que M. Mariner éternuât en entrant dans la maison ; chacun jeta aussitôt sa massue par terre : après un si funeste présage, comment aurait-on osé se mettre en marche pour une cérémonie si importante [1] ? Le feu de la colère brilla dans les yeux du roi ; et les fixant sur M. Mariner, il prononça contre lui la plus forte imprécation dans leur langue : *Puissiez-vous frapper votre dieu !* En même temps, s'avançant vers lui : — Que venez-vous faire ici ? lui dit-il. — Votre père ne m'aurait pas fait une pareille question, lui répondit M. Mariner, et je suis surpris que vous lui ressembliez assez peu pour croire à des idées superstitieuses. C'était plus que le roi ne pouvait supporter, surtout en présence de ses chefs, et saisissant une massue qui était près de lui, il l'en aurait assommé, si quelques-uns de ses gens ne se fussent mis promptement entre lui et M. Mariner.

1. Un éternuement, au moment de partir pour une expédition quelconque, est le présage du plus funeste augure. Finow Ier, lui-même, dont l'âme était supérieure à bien des préjugés, n'était pas entièrement exempt de celui-ci.

Celui-ci lui dit alors adieu, ajoutant qu'il pourrait l'envoyer chercher quand il aurait besoin de lui, et qu'il n'avait pas su, jusqu'à ce moment, que sa présence lui fût désagréable. Plusieurs chefs entraînèrent alors M. Mariner hors de la maison, de peur que le roi ne le poursuivît et ne l'assommât avant que sa colère eût eu le temps de se refroidir ».

Dès qu'il fut parti, Finow II tint conseil avec ses amis, au sujet de l'éternuement de M. Mariner, et l'on décida que, comme il était étranger et qu'il avait d'autres dieux que ceux des Bolotos, cette circonstance ne pouvait donner lieu à aucune suite fâcheuse. Ils résolurent donc de se rendre sur le tombeau du feu roi, comme ils en avaient le projet ; et y étant arrivés, ils y accomplirent, avec zèle et enthousiasme, la cérémonie du *brisement de tête...*

(Sur l'avis de sa mère adoptive), M. Mariner resta dans sa plantation, malgré plusieurs messages que Finow II lui envoya pour l'engager à revenir. Enfin, le roi prit le parti d'aller le trouver lui-même ; et, étant arrivé un matin chez lui, il l'aborda de la manière la plus affectueuse, le pria d'oublier le passé, et, depuis ce moment, ils furent amis inséparables.

Pendant cette réconciliation, Finow II expliqua à M. Mariner le motif qui l'avait transporté de colère en l'entendant éternuer. Ce n'était pas, lui dit-il, qu'il crût lui-même que ce fût véritablement un mauvais augure, mais il savait que ceux qui étaient avec lui en concevraient cette idée superstitieuse [1].

Dans l'Inde, sur un vaisseau qui est sur le point d'aborder au port, si un éternuement éclate, on attendra un peu plus tard, pour ne pas risquer de toucher terre sous de tels auspices [xx].

Si quelque pieux Hindou éternue par hasard, au moment de commencer ses ablutions matinales dans le Gange, il croit devoir recommencer ses prières et sa toilette [xxiii].

Dans l'Inde du Nord, si une personne éternue lorsqu'une

---

1. John Martin, *Histoire des naturels des îles Tonga ou des Amis, situées dans l'Océan Pacifique, sur les détails fournis par W. Mariner*, trad. A.-J.-B. Def, Paris, 1817, II, 65-69. — W. Mariner, *Tonga Islands*, I, 456.

autre commence un travail, cette dernière s'arrête un moment et puis recommence [xxvi].

En Chine, à la veille du nouvel an, où l'on fête très solennellement le début de l'année, un éternuement est un mauvais augure et l'on doit, pour le combattre, s'astreindre à une cérémonie des plus singulières [xxvii].

Les Thugs se préoccupent fort d'un éternuement qui éclate au commencement d'une expédition ; ils sont prêts alors à bien des sacrifices ; on les a vus rendre la liberté à des voyageurs qu'ils avaient faits prisonniers [xxviii].

Aristote souligne les raisons qui, chez les Grecs, faisaient tenir si grand compte du temps de l'éternuement. Il écrivait :

Pourquoi les éternuements sont-ils de mauvais augure, à partir de minuit jusqu'à la moitié du jour, tandis que ceux qui ont lieu de la moitié du jour à minuit passent pour être bons ?

N'est-ce pas parce que l'éternuement semble devoir nous arrêter davantage, quand nous commençons quelque chose, et qu'on est au début de ce que l'on fait. Aussi, quand il arrive au moment où l'on va commencer une chose, c'est alors qu'il nous détourne surtout de la faire. Mais l'aurore et l'intervalle qui s'écoule à partir de minuit, est une sorte de commencement. Aussi, à ce moment, prenons-nous bien garde de ne pas éternuer, pour n'être pas arrêtés dans ce que nous désirions faire. Au contraire, le soir et jusqu'à minuit, c'est plutôt une fin, et l'opposé du reste du temps ; il en résulte qu'on doit prendre la même précaution, mais dans le sens contraire [1].

Hérodote nous rapporte un trait qui montre toute l'importance que les Grecs attachaient à l'éternuement qui se produisait au début d'une entreprise :

Hippias, fils de Pisistrate, avait conduit les Barbares à Marathon, décidé par une vision qui, la nuit précédente, l'était venue trouver pendant son sommeil. Il lui avait semblé qu'il partageait

---

1. Aristote, *Les Problèmes*, xxxiii, 11, trad. Barthélemy-Saint-Hilaire, 391.

le lit de sa mère, et, de ce songe, il avait conclu qu'il rentrerait dans Athènes, qu'il recouvrerait sa souveraineté, qu'enfin il atteindrait la vieillesse en sa propre demeure ; voilà ce qu'il avait conclu de ce songe. Tandis qu'il ouvrait la marche, il déposa les captifs d'Erétrie dans l'île des Styréens qu'on appelle Egilia ; d'un autre côté, il mit en rade les vaisseaux qu'il avait dirigés sur Marathon, et il rangea les Barbares en bataille, à mesure de leur débarquement. Comme il prenait ce soin, il eut un accès extraordinaire d'éternuement et de toux, au point que toutes ses dents en furent ébranlées, car il était déjà vieux ; il en perdit même une par la violence de la toux ; elle tomba sur le sable et il eut à cœur de la trouver ; mais il ne put la découvrir, et, en soupirant, il dit à ceux qui l'entouraient : « Cette terre n'est pas à nous et nous ne pourrons pas la soumettre ; toute la part que j'ai à en espérer ma dent l'occupe [1]. »

Il n'était pas rare que l'on dut lutter contre cette crédulité qui faisait voir un augure dangereux dans l'éternuement qui éclatait au début d'une entreprise.

Timothée partait avec toute la flotte. Quelqu'un éternua. La chose parut de mauvais augure au pilote (général), qui donna ordre d'arrêter, et les matelots n'osaient monter sur les vaisseaux. Timothée ne put s'empêcher de rire, et dit :

« Voilà un plaisant augure ! Est-ce donc une si grande merveille, que parmi tant d'hommes que voilà tout autour, il s'en soit trouvé un qui ait éternué ? »

Les matelots tournèrent aussi la chose en risée et levèrent l'ancre [2].

Cependant, s'il s'agit de l'éternuement d'une divinité favorable à l'amour, Grecs et Romains l'interprètent en bonne part. Théocrite et Aristénète, Properce et Ovide l'attestent. Serait-ce que l'amour est un bien fâcheux ?

1. **Hérodote**, VI, 107, trad. P. Giguet, p. 366.
2. **Polyen**, *Les Ruses de la guerre*, l. III, cap. X, 2, trad. Dom Lobineau, **Paris**, 1739, I, 195.

La Chanson des Nymphes dans les Thalysies le donnerait presque à penser :

Les amours ont éternué sur Simichidas ; le malheureux, en effet, chérit Myrtô autant que les chèvres chérissent le printemps [1]...

On est certain cependant que le chœur des jeunes filles qui chante l'Epithalame d'Hélène y voit vraiment de tous points un favorable augure :

Est-ce ainsi que tu t'endors d'aussi bonne heure, cher époux ?... Si tu désirais dormir à ton habitude, il fallait t'endormir seul, et laisser cette enfant jouer avec les autres, jusqu'à l'aube profonde, auprès de sa mère chérie, puisque demain et après-demain, et cette année, et les années suivantes, Ménélas, cette jeune fille t'appartiendra. Heureux époux ! quelque dieu bienveillant éternua sur toi quand tu vins à Sparte, où étaient déjà les autres princes, pour voir se réaliser tes vœux [2].

Et Properce à son tour ne semble pas railler dans ses vers sur Cynthie :

O ma vie, le riant Amour, augure harmonieux, aurait-il, le jour. de ta naissance, éternué sur ton berceau ? Tes dons célestes, c'est la main de Dieu qui les a versés sur toi [3].

Dans la lettre d'Héro à Léandre, Ovide malgré sa liberté ne plaisante pas davantage. Il chante :

Elle a éternué, la lampe, (qui éclaire ce que j'écris),
Elle a éternué et nous a donné ce signe favorable ;
Voilà que ma nourrice verse un vin pur sur une flamme propice
Demain, dit-elle, nous serons un de plus, et elle a bu [4].

---

1. **Théocrite**, *Idylles*, VII, trad, Barbier, p. 96.
2. *Ibid.*, XVIII, trad. Barbier, p. 150-151.
3. **Properce**, *Elégies*, II, 3, 23-25.
4. **Ovide**, *Héroïdes*, Epist. XIX, 151-154.

Néanmoins les Romains ont partagé les craintes des Grecs au sujet de l'éternuement qui éclate au début d'une action quand il ne s'agissait pas de l'amour. Aussi évitaient-ils de commencer quelque chose s'ils éternuaient le matin en s'habillant ou vers la fin d'un repas. Il valait mieux alors se mettre au lit [XLI], ou continuer de manger [XLVI].

Durant le moyen âge cette croyance a certainement persisté. Elle était même passée en proverbe chez les anciens Gallois :

Nid a un trew na dau i angau, « un éternuement ni deux ne vont à la mort », ne sont signes de mort. A propos de ce singulier dicton, M. J. Loth écrit :

Il me paraît remarquablement éclairé par un poème du Livre Noir de Caermarthan portant, dans les *Four ancient bocks of Wales* de Skene, le n° XXVII. C'est un de ceux qui ont été le plus maltraités par le traducteur.

L'auteur du poème se met lui-même en scène. Il ressort de ses paroles qu'il a projeté un voyage à Rome : il entend un éternuement ; il ne se laisse pas terrifier et persiste dans son intention. Voici la traduction :

1. — Le premier mot que je dis
   Le matin en me levant
   La croix du Christ (est ou soit) revêtue par moi.

2. — C'est au profit de mon roi que je m'habille
   Aujourd'hui ; j'entends un éternuement :
   Il n'est pas mon Dieu, lui ; je ne le croirai pas.

3. — Je m'habille de riche façon ;
   Je ne crois pas à un présage, il n'a rien de sûr :
   Celui qui m'a créé fait ma force.

4. — J'ai l'intention de partir,
   Je vais aller sur mer :
   Le devoir victorieux sera mon profit.

5. — Mon esprit est d'avis,
    Je veux aller sur mer :
    Le devoir victorieux sera mon maître.

6. — Que le corbeau élève ses ailes,
    Je veux partir au loin :
    Le devoir victorieux vaudra mieux.

· 7. — Que le corbeau élève ses ailes,
    Je veux aller à Rome :
    Le devoir victorieux sera beau.

8. — Selle le cheval bai à la bride blanche
    Avide de courir, aux crins qui s'agitent ;
    Roi des cieux, c'est Dieu qui l'exige de nous.

9. — Selle le cheval bai aux crins courts
    Prompt dans son œuvre, impatient de trotter ;
    Là où il y a nez, il y a aussi éternuement.

10. — Selle le cheval bai au saut allongé
    Prompt dans son cœur, désireux de trotter :
    Ce n'est pas un obstacle pour le brave qu'un vain
                                 [éternuement.

11. — Elle est lourde la... (?) de la terre ; les feuilles des buissons
                            [sont épaisses sur le saule.
    Elle est amère, la corne pleine du doux hydromel.
    Roi du ciel, rends facile ma mission.

12. — De la race du victorieux Gwosprid
    Et Pierre chef de toute langue,
    Sainte Brigitte, bénis mon voyage.

13. — Soleil d'intercession, Seigneur,
    Christ céleste, colonne de bienfaisance
    Puissé-je réparer mes péchés et mes actes !

Il semble bien ressortir de ce poème que l'éternuement

était chez les Gallois du xii° siècle un mauvais présage. Le proverbe moderne que nous avons commencé par citer est probablement une protestation chrétienne contre cette superstition. Deux éternuements paraissent avoir été en effet considérés comme aussi dangereux qu'un. J'en trouve la confirmation dans le poème de Taliesin (*Four ancient Books* n° xxxiv, p. 189, vers 2). Le poète célèbre les louanges d'Urien ; après avoit montré que c'est Urien qui cause tous les cris que l'on entend, il ajoute :

> Ni un éternuement, ni deux
> Ne sont une protection devant lui,

c'est-à-dire ne l'arrêtent, ou ce n'est pas un obstacle pour le brave qu'un vain éternuement...

La crainte de l'éternuement reparaît encore dans le livre de Taliesin. Entre autres regrets que lui cause la mort de son bienfaiteur Cunedaf, il exprime celui-ci : Il me donnait une troupe d'esclaves contre l'éternuement. (Skene, 201, 29)[1].

Remarquons qu'il s'agit de l'éternuement (peu importe que ce soit un ou deux, la répétition aggrave plutôt le cas) survenu au début d'une entreprise.

Au reste, dans l'Allemagne moderne, on croyait encore que l'éclat nasal n'annonçait rien de bon au début d'une journée ou d'une entreprise. Les Allemands pensent comme les anciens Romains qu'éternuer en mettant ses souliers le matin est mauvais signe ; et si vous éternuez en vous levant, ils vous conseillent de retourner vous coucher encore trois heures [lxxvii].

Et je serais bien étonné qu'on ne retrouve pas encore aujourd'hui cette superstition dans les pays latins.

Les éternuements qui éclatent au début d'un discours ou tandis qu'on raconte un fait ont, au contraire, un caractère favorable. Primitifs et civilisés les tiennent pour une approbation.

1. J. Loth, dans *Mélusine*, (1888-89), IV, 62-65.

Dans le Turkestan, lorsqu'une personne à laquelle on fait une remarque éternue, c'est une preuve que l'opinion ou l'assertion est exacte, comme si la personne interpellée s'exclamait : C'est vrai ! Et cependant on tient là-bas ce petit accident pour un signe de malheur [1].

Chez les Grecs, Homère nous montre l'éternuement comme une sorte d'approbation prophétique. Qu'il s'agisse des menaces contre les prétendants à la main de Pénélope ou de l'interrogatoire qu'Apollon adresse à Hermès qui lui a volé ses bœufs, l'éternuement est un signe favorable :

Il n'y a point ici d'hommes tel qu'Ulysse pour chasser cette ruine (les Prétendants) hors de la demeure, dit Pénélope : Mais si Ulysse revenait et abordait la terre de la patrie, bientôt, avec son fils, il aurait réprimé les insolences de ces hommes.

Elle parla ainsi, et Télémaque éternua très fortement et toute la maison en retentit. Et Pénélope se mit à rire, et aussitôt, elle dit à Eumée ces paroles ailées :

— Va ! appelle cet étranger devant moi. Ne vois-tu pas que mon fils a éternué comme j'achevais de parler ? Que la mort de tous les Prétendants s'accomplisse ainsi, et que nul d'entre eux n'évite la Ker et la mort [2].

Apollon, dont le jeune Hermès avait volé les vaches, veut persuader le jeune voleur qu'il sait où sont les bêtes et tâche en vain d'obtenir de l'enfant quelques indications :

Ayant ainsi parlé, Apollon, prenant l'enfant, l'emporta. Mais, en même temps, (Hermès), le puissant tueur d'Argos, songea dans son esprit, et, tandis que les mains l'enlevaient, il envoya un augure, misérable serviteur de son ventre, insolent mes-

---

1. Eugène Schuyler, *Turkestan*, p. 29, cité par R. Means-Lawrence, *The magic*, etc., p. 218.

2. **Homère**, *Odyssée*, XVII, 545. — **Plutarque**, *Sur la vie et la poésie d'Homère*, 212, fait allusion à ce passage en ces termes : « L'éternuement même était, suivant Homère, un présage heureux », dans *Œuvres morales*, trad. Bétolaud, V, 313.

sager ; puis il éternua fortement. Et dès qu'Apollon l'eut entendu, il jeta à terre l'illustre Hermès, et il s'assit devant lui, malgré son désir de marcher, et réprimandant Hermès, il lui dit :

— Rassure-toi, fils de Zeus et de Maïa, enveloppé de langes ! avec ces augures, je retrouverai bientôt les fortes têtes de mes vaches, et tu me conduiras toi-même [1].

Hermès, rusé entre tous, a peut-être voulu décourager Apollon en éternuant au début de sa recherche ; mais celui-ci, aussi rusé que l'enfant, déclare que les dieux approuvent son discours.

Xénophon nous a laissé un exemple analogue. Voyez comme il interprète l'éternuement qui arrive alors qu'il haranguait ses troupes :

Si nous avons l'intention de punir avec nos armes les maux qu'on nous a faits et de faire la guerre aux barbares par tous les moyens en notre pouvoir, nous avons, avec l'aide des dieux, de nombreuses et belles espérances de salut.

Au moment où Xénophon prononçait ces paroles, un Grec éternue. Aussitôt les soldats, d'un seul mouvement, s'inclinent tous devant le dieu. Alors Xénophon reprenant :

— Il me semble, soldats, dit-il, que comme au moment où nous délibérons sur notre salut, Jupiter Sauveur nous envoie ce présage, il faut vouer à ce Dieu un sacrifice d'action de grâces, dès que nous serons arrivés en pays ami, et un second sacrifice aux autres dieux, suivant nos facultés. Que ceux qui sont de cet avis lèvent la main.

Tous la lèvent : on prononce le vœu, on chante un péan ; puis, ces hommages rendus au dieu, Xénophon reprend (son discours) [2].

[De nos jours], il y a des Israélites qui disent en plaisantant que si quelqu'un éternue après avoir raconté ou affirmé un fait

---

1. *Hymnes homériques*, (A Hermès), II, 292-305.

2. Xénophon, *La Retraite des dix mille*, III, 2, 5, dans *Œuvres*, trad. Talbot, II, 62.

quelconque, on ne doit pas douter de la vérité de ses paroles. Ce dicton populaire attribue à l'éternuement la valeur d'une preuve, d'une confirmation [1].

On trouve encore des survivances de cette superstition parmi les chrétiens. On lit, dans le *Chemnitzer-Rochers-philosophie :*

Si, tandis que vous racontez quelque chose, vous ou quelqu'un des assistants éternue, c'est une preuve de la véracité de votre récit [LXXVII]. Dans la Flandre française, un éternuement, pendant le cours d'une conversation, prouve que ce que l'on dit est vrai. Presque toujours, après avoir dit : Dieu vous bénisse ! on ajoute : C'est la vérité ! [XCII]. En Macédoine, l'éternuement est considéré comme une confirmation de ce que dit, juste en ce moment, la personne qui parle. Celle-ci doit aussitôt s'interrompre et dire à l'éternuant : — Je te souhaite une bonne santé, car (tu as prouvé que) je disais la vérité ! [CXX].

Nous ne voyons pas que les Primitifs aient tenu compte du lieu ou de la direction de l'éternuement. Il n'en est pas de même chez les Grecs et les Latins. Nous savons par Plutarque qu'un certain Terpsion prétendait que Socrate considérait comme un heureux présage l'éternuement qui se produisait à sa droite, derrière ou devant lui et tenait celui qui éclatait à sa gauche pour un mauvais augure. Plutarque nous montre d'ailleurs une terrible application de cette croyance :

Pendant que Thémistocle faisait un sacrifice sur le vaisseau amiral, on lui amena trois jeunes prisonniers d'une grande beauté, magnifiquement vêtus et chargés d'ornements d'or ; on les disait fils d'Artayctus et de Sandaucé, sœur du roi. Le devin Euphrantidès les eut à peine aperçus, qu'il vit une flamme très vive s'élever du milieu des victimes et qu'en même temps

---

1. Moïse Schuhl, *Superstitions et Coutumes populaires du judaïsme contemporain*, Paris, 1882, p. 34.

il entendit éternuer à sa droite. Aussitôt, prenant la main de Thémistocle, il lui ordonna de vouer ces trois jeunes gens à Bacchus Omestes, et de les lui immoler. C'était, disait-il, le seul moyen d'assurer aux Grecs le salut et la victoire [1].

Eustathe, commentant le passage d'Homère où Pénélope interprète à son avantage l'éternuement de Télémaque, remarque aussi qu'éternuer à gauche était un signe malheureux et qu'éternuer à droite était un signe favorable.

Catulle, chantant les amours d'Acmé et de Septimius, témoigne que les Romains partageaient cette superstition :

Pressant contre son sein Acmé, ses amours, Septimius lui disait : « O mon Acmé ! si je ne t'aime éperduement, si je cesse de t'aimer jusqu'à mon dernier soupir... puissé-je errer seul dans la Libye ou dans l'Inde brûlante, exposé à la fureur des lions dévorants. » Il dit : et l'Amour, jusqu'alors opposé, éternua son auspice à droite.

Et alors Acmé, la tête doucement inclinée, et pressant de ses lèvres de rose les yeux de son amant : « Qu'il en soit ainsi, ô mon cher Septimius [2] ! »

Une telle opinion découle des idées que l'on se faisait, dans toute l'antiquité, sur l'influence de la droite et de la gauche et du rôle qu'elles jouaient dans les auspices en général. La foudre qui tombait à gauche, l'oiseau qui volait à gauche étaient deux signes redoutables.

Les anciens, poussant plus loin ce genre d'interprétation, ont-ils tenu compte de la situation des astres au moment de l'éternuement ? Nous n'en avons, que je sache, aucun témoignage.

Les opinions qu'Augustin Nifo, déjà nommé, prête à Pérolitis et à Néopsus, astronomes égyptiens (??) pourraient

1. Plutarque, *Thémistocle*, XVII.
2. Catulle, *Carmen* XLV.

bien avoir été imaginées par lui de toutes pièces. Nous les rapporterons néanmoins, à titre de curiosité :

Table selon les Astronomes égyptiens,
touchant leurs tressautemens.

Il y en a d'aucuns qui ont divisé les tressautemens des parties du corps en douze lesquels tressautemens se font en nos membres, qui sont subjects aux signes : comme disent les Egyptiens astronomes, à sçavoir Perolitis et aussi Neopsus :

Aries (le bélier) gouverne le chef, Taurus (le taureau) le col, Gemini (les Gémeaux) les bras et les épaules, Cancer (Cancer) la poitrine, Leo (le Lion) l'estomac et les flancs, Virgo (la Vierge) le ventre, Libra (la Balance) les reins et l'eschine, Scorpius (le Scorpion) les génitoires, Sagittarius (le Sagittaire) les cuisses, Capricornus (le Capricorne) les genoux, Aquarius (le Verseau) les jambes au-dessous des genoux et Pisces (les Poissons) les pieds.

Quand donc le chef tressaute, ou quelque partie d'iceluy, faut entendre ce, appartenir totalement à la teste et le faut bailler à Aries et ainsi faire des autres membres.

Or quand la lune est en Aries, si le chef ou quelque partie d'iceluy tressaute ou frémit, c'est signe qu'on sera faussement accusé, et dénote aussi plaideries. — Et si la lune est au Taurus, c'est signe de la venue d'un hoste ou estranger. — Et si elle est en Gemini grandes maladies adviendront en cette région et faut dire et juger des autres en telle sorte selon leur ordre.

Il faut noter qu'il peut advenir que lorsque la lune tient un signe, le membre subject audict signe, ou quelque partie d'iceluy tressautera non pas seulement une fois, mais plusieurs et néantmoins iceux gémissemens une mesme signification jusques à ce que la lune soit en un autre signe ; car veu qu'elle est cause des mouvemens, il est raison que l'effect sorte. Et ne faut point tant seulement observer ceste reigle ès tressautemens ; mais aussi ès augures qui sont escrits ès tables précédentes. Les anciens ont dict semblablement des éternuemens, lesquels se font tant de nuict que de jour. Et ont prins la vertu significative au premier, combien qu'on en ait fait un ou plusieurs le jour mesme, et la nuict : car jusques à ce que la lune soit hors du signe, auquel le premier éternuëment a esté faict elle tient la vertu d'iceluy signe, et combien qu'on en ait faict plusieurs, il les faut compter seulement pour une comme nous disons ès tables suyvantes : lesquelles servent aux éternuëmens et tressautemens (de la tête).

La lune estant en :	L'éternuement annonce :
Aries (Bélier)	Fausses accusations.
Taurus (Taureau)	Arrivée d'un hoste.
Gemini (Gémeaux)	Maladies en règne.
Cancer (Cancer)	Noises en la cité.
Leo (Lion)	On aura un gouvernement.
Virgo (La Vierge)	Induction et finesse.
Libra (Balance)	Espérance à venir.
Scorpio (Scorpion)	Tristesses sourdes.
Sagittarius (Sagittaire)	Voyages et pèlerinages.
Capricornus (Capricorne)	Plaisir et joie à venir.
Aquarius (Verseau)	Tristesses ou procès.
Pisces (Poissons)	Bonnes causes à venir [1].

Les anciens, du moins dans la classe cultivée, ne paraissent pas avoir volontiers accepté les augures tirés des éternuements. Aristophane visiblement les raille [xxxvii-xxxviii]. Cicéron considère comme une folie de tenir compte de semblables présages [xli]. Et Pline, lui-même, non seulement les traite de circonstances insignifiantes, mais leur oppose les décrets immuables des dieux [xlvi].

Il n'est pas douteux pour nous, que tous les présages tirés de l'intensité et du nombre des éternuements, du temps et des lieux où ils se produisent, sont de vains augures ; mais la raison ne s'est pas facilement débarrassée de ces absurdes considérations. L'Eglise chrétienne en adoptant le point de vue des sages du paganisme, d'un Aristophane,

1. **Augustinus Niphus,** *Des augures ou divinations,* p. 296-297.

ou d'un Cicéron, n'a pas peu contribuer à déraciner ces vaines croyances. Ce ne fut d'ailleurs, pour elle, qu'un cas particulier de la bataille qu'elle a menée contre la divination et les augures. Aujourd'hui, grâce à son action incessante, la foi aux présages se meurt et sauf dans les couches les plus basses de la population, on peut bien dire qu'elle est morte.

CHAPITRE IV

DE LA MAGIE A LA MÉDECINE ET PRINCIPALEMENT
DE L'AUGURE ET DU PRÉSAGE AU PRONOSTIC ET AU SYMPTOME

Le préjugé et la superstition ont souvent contribué à adoucir les mœurs et travaillé du même coup à faire régner l'ordre sans lequel il n'y a ni paix ni progrès social [1]. Les salutations aux gens qui éternuent, bien que dérivées d'idées sans fondement solide, n'en ont pas moins fourni à la politesse et à la civilité des occasions de s'employer et de s'affirmer ; elles ont donc, par suite, pour une part si faible soit-elle, favorisé le développement de l'urbanité et de la courtoisie.

Les conceptions de la magie relatives à l'éternuement ont-elles, de leur côté, préparé les voies à la science ? Ceci est moins clair, ou moins simple, comme l'on voudra. L'attention que les Primitifs et les Anciens donnèrent à l'éternuement ne pouvait manquer de porter des fruits.

Ils ne purent ignorer la possibilité de déterminer l'éternuement, soit par des moyens mécaniques, soit en aspirant certaines substances. Pline nous parle des éternuements provoqués par une plume, et nous avons vu dans Pétrone que les Latins connaissaient les effets des vapeurs de soufre. Mais a-t-on utilisé l'éternuement dans les cérémonies magiques ? C'est certain. Nous avons vu que les Zoulous, qui se préparent à devenir sorciers, prisent afin de multiplier

---

1. Cf. J. G. Frazer, *La tâche de Psyché*, Paris, 1914, in-12.

les éternuements. Il paraît d'ailleurs impossible que l'on n'ait pas songé à provoquer par l'éternuement l'expulsion des démons et la guérison des maladies qu'on leur attribuait [1]. Les hérétiques, connus sous le nom de Messaliens, « croyaient l'atmosphère remplie de démons et ne doutaient pas qu'ils les respirassent avec l'air ; pour s'en débarrasser, ils se mouchaient et crachaient sans cesse [2] ».

Malgré la rareté des témoignages, il ne paraît pas douteux que les Anciens et les Primitifs ont employé l'éternuement dans certaines cérémonies de guérison. Les paysans modernes nous en fournissent au moins un exemple et qui ne manque ni de couleur ni de pittoresque.

Un praticien, d'un coin perdu de la Cornouaille anglaise, rapporte qu'une de ses malades, une très vieille femme, se plaignait de ne plus pouvoir entendre les grognements de ses cochons au bruit desquels, depuis son enfance, elle avait coutume de s'éveiller. Le docteur fut obligé de lui dire que cela tenait à son grand âge.

Peu de temps après, ayant été appelé dans cette maison, il trouva la vieille assise devant le feu, une pièce de bois dans son giron et profondément absorbée dans ses pensées. Juste comme il ouvrait la porte, elle s'écriait : Seigneur, délivrez-moi de mes péchés ! Et cette requête fut suivie d'un bruit particulier qui sonnait comme un éternuement avorté. « Ne vous effrayez pas, docteur, dit-elle, c'est seulement un éternuement. — C'est le plus bizarre éternuement que j'aie jamais entendu, répondit le docteur. Pourquoi n'éternuez-vous pas à la façon de tout le monde ? — Je fais ce que je puis, expliqua-t-elle, mais ce n'est pas facile d'obtenir neuf éternuements consécutifs et cela neuf matins de suite. »

Il m'apparut que la dame était en train d'essayer une recette infaillible contre la surdité. L'appareil nécessaire consiste en

1. P. Saintyves, *Les Origines de la médecine*, p. 35.
2. Pluquet, *Dict. des hérésies*, v. Messaliens, éd. Migne, Paris, 1863, I, 999.

une planche et quelques fortes épingles. Il faut que la patiente plante une épingle dans la planche chaque matin en appuyant ses index croisés sur l'épingle tandis qu'elle répète la pieuse éjaculation : *Seigneur, délivrez-moi de mes péchés !* avec un vigoureux éternuement. Le matin suivant il faut recommencer, mais en plantant deux épingles et en éternuant deux fois ; le troisième matin, il faut trois épingles, trois prières et trois éternuements et ainsi de suite jusqu'au neuvième jour [1].

Qu'il y ait eu des utilisations analogues de l'éternuement dans la médecine primitive, c'est plus que probable. Il est d'ailleurs certain que les anciens Grecs l'ont employé contre le hoquet. Nous en avons maints témoignages et d'abord ce passage du *Banquet* de Platon :

— Eryximaque, dit Aristophane, te voici dans l'obligation de me délivrer de ce hoquet ou de parler pour moi jusqu'à ce qu'il ait cessé !

— Je ferai l'un et l'autre, répondit Eryximaque. Je vais parler à ta place. Et, lorsque tu seras délivré, tu parleras à la mienne. Durant ton discours, efforce-toi de retenir longtemps ton haleine et ton hoquet passera. S'il ne cesse pas ainsi, gargarise-toi avec de l'eau. Mais si, pourtant, ce hoquet est fort violent, prends quelque chose pour te chatouiller les narines, éternue, et si tu provoques une ou deux fois l'éternuement — quand bien même serait-il très violent, — ton hoquet cessera [2].

Il semble, d'ailleurs, qu'Aristote ait voulu commenter ce passage lorsqu'il écrit :

Pourquoi l'éternuement fait-il cesser le hoquet comme le font cesser aussi la retenue de la respiration et le vinaigre ?

N'est-ce pas parce que l'éternuement est le déplacement de

---

1. *Note-book of a Country Doctor*, dans *Macmillan's Magazine* (1896), LXXIII, 41-42, cité par R. MEANS-LAWRENCE, *The magic*, etc., p. 219-220.

2. *Platon, Le Banquet,* 189 a, trad. M. Meunier, p. 40-41 ; trad. V. Cousin, p. 264.

l'air qui est en bas, et qu'il agit de même que les potions que l'on prend par en haut agissent sur le ventre qui est en bas ? La retenue de la respiration arrête les hoquets quand ils sont faibles, parce que l'impulsion du souffle qui se dirige en haut n'est pas très forte, et que, de même que la toux s'arrête, si on la retient un instant, de même ici l'air, qui se dilate, vous étouffe et se fait jour violemment [1].

Hippocrate note également dans ses *Aphorismes* que : « Le hoquet disparaît quand les éternuements surviennent » [2].

Bien entendu Hippocrate, de même qu'Aristote, explique l'éternuement de façon toute naturelle :

L'éternuement, dit-il, vient de la tête, l'encéphale étant échauffé, ou le vide qui est dans la tête étant pénétré d'humidité : alors, l'air intérieur est chassé au dehors, et fait du bruit parce que l'issue qu'il a est trop étroite [3].

Il n'est donc pas étonnant, bien qu'en général il se contente de noter si l'éternuement qui survient est favorable ou défavorable au malade, qu'il ait songé à le provoquer dans la suffocation utérine. Celse, dont les conceptions ne sont pas moins naturalistes, recommande de faire éternuer pour expulser les croûtes qui se forment dans l'arrière-nez [4].

Ces premières applications de l'éternuement à la thérapeutique, bien que d'inspiration rationnelle, ne sont vraisemblablement que la suite de son emploi dans la magie.

Avant d'être d'un usage si familier, les poudres sternutatoires furent des ingrédients dont la connaissance et l'emploi étaient réservés aux magiciens. De nos jours, les bureaux de tabac, pour quelques sous, délivrent à tout

---

1. *Les Problèmes*, XXXIII, 5, trad. Barthélemy-Saint-Hilaire, II, 385-386.
2. Hippocrate, *Aphorismes*. VI, 13, éd. Littré, IV, 566-67. De même, Pline, *H. N.*, XXVIII, 15, éd. Littré, II, 259.
3. Hippocrate, *Aphorismes*, VII, 51, éd. Littré, IV, 593.
4. Celse, VI, 8, 1, éd. Nisard, p. 187.

venant la poudre de Nicot. Nombre de personnes âgées ne sauraient s'en passer.

Nous ne pouvons songer à étudier ici l'origine des sternutatoires ; ce serait un beau sujet de thèse pour un futur docteur en pharmacie.

On pourrait en dire autant de la séméiologie de l'éternuement auquel nos grands traités de physiologie contemporaine ne daignent même pas consacrer quelques lignes. La thèse du Dr Brisard est loin d'avoir épuisé la question et peut-être pourrait-on l'aborder aujourd'hui avec plus de facilités.

Les augures et les présages que l'on tirait, que d'aucuns tirent encore de l'éternuement, lorsqu'ils regardent la santé et la maladie, étaient déjà, et sont encore des façons grossières de pronostics ou de symptômes. Il n'est donc pas nécessaire d'insister sur l'origine magique de la séméiologie de l'éternuement.

Nous avons déjà vu comment l'éternuement avait été considéré par les Primitifs. Il leur parut tout à fait judicieux de le rapprocher du hoquet, des bourdonnements d'oreilles, des palpitations, des convulsions et de tous les tressaillements des membres d'origine nerveuse. Mais comme les névroses, et avec elles tous les mouvements involontaires depuis les tics de la face jusqu'aux tremblements de la chorée ou de l'épilepsie, furent parmi les derniers troubles pathologiques que l'on a attribués à des interventions psychiques ou surnaturelles [1], l'éternuement bénéficia de ce retard.

L'assimilation de l'éternuement à une névrose et son assimilation aux troubles que l'on expliquait par une présence étrangère, par l'obsession ou la possession, fut, répétons-le, le point de départ de toutes les interprétations augurales. Bouché-Leclercq écrit :

Les névroses, dont la science étudie avec une si légitime

---

1. P. Saintyves, *Les Origines de la médecine,* p. 35.

curiosité les effets physiologiques et psychologiques pour
surprendre la réalité commune qui se manifeste sous ces deux
aspects, ont de tout temps inspiré une sorte de respect religieux. Les anciens se montraient pleins d'égards pour les fous,
victimes vivantes de quelque divinité ou possédés comme les
prophètes et les poètes, par une inspiration plus forte que leur
raison. Ils voyaient aussi une intervention surnaturelle dans les
brusques assauts de l'épilepsie, le mal sacré, qui frappe comme
la foudre et s'en va, sans même laisser au patient le souvenir
de ce qu'il a souffert. Il leur semblait même impossible qu'un
tel coup, parti d'une main céleste, n'aboutît qu'à ce résultat
négatif, et, lorsqu'il frappait un citoyen au milieu d'une assemblée on savait que cet avertissement s'adressait à l'assemblée
tout entière.

Il en était de même, à l'importance près, des moindres mouvements convulsifs du corps ; il suffisait que l'acte physiologique
fût soustrait à la volonté pour être imputable à l'influence divine.

On appliquait naturellement aux organes symétriques les
règles d'interprétation qui mettaient le bonheur à droite et le
malheur à gauche. « Mon œil droit palpite, dit le chevrier
amoureux d'Amaryllis, vais-je donc la voir ? » L'astrologie, qui
mettait chaque partie du corps sous la dépendance d'un astre,
substitua ses combinaisons savantes à ces règles primitives, et
permit d'utiliser pour la divination le corps tout entier. Mais,
dans la pratique ordinaire, la paupière ou le sourcil resta le
lieu d'élection des phénomènes mantiques. Le menteur de
Plaute espère trouver de l'argent pour son maître. « Où ? je
serais bien en peine de le dire, mais ce sera ainsi, je le sens à
mon sourcil qui tressaille. » On citait aussi, en seconde ligne,
l'épaule, la cuisse et la fesse ; mais la tête était considérée
comme plus digne de cet attouchement divin.

Cette considération, et aussi l'intensité plus marquée de
l'acte convulsif, faisaient attribuer une importance plus grande
à l'éternuement [1].

---

1. A. Bouché-Leclercq, *Histoire de la Divination dans l'antiquité*, I,
Paris, 1879, in-8°, p. 160-161.

Ce genre d'interprétation avec ses développements scolastiques ou ses applications populaires ne pouvait permettre à la séméiologie de l'éternuement de se développer d'une façon rationnelle et vraiment pratique ; mais le courant aristotélicien et hippocratique ne cessa jamais d'alimenter les bons esprits des siècles suivants et ce sont ceux-ci qui surent transformer les vieux augures en symptômes.

Nul n'ignore que l'éternuement marque le début de certaines maladies épidémiques plus ou moins apparentées au typhus ou à la peste. Il n'est donc pas étonnant si les Juifs racontent que jadis tous ceux qui éternuaient mouraient et que certaines populations considèrent encore souvent l'éternuement comme un signe de mort ou un danger redoutable. Le Dr Hartlieb, au xve siècle, ne voit-il pas encore dans l'éternuement une sorte d'apoplexie au petit pied ?

En revanche, les Primitifs, les Mélanésiens ou les Zoulous, par exemple, l'ont considéré comme un accident favorable ; et, dans le récit biblique, nous voyons l'enfant ressuscité par Elisée éternuer sept fois. Et c'est Aristote qui nous apprend que dans une maladie grave, si on ne réussissait pas à faire éternuer le malade, on le jugeait perdu. Encore aujourd'hui, on dit familièrement d'un convalescent qui éternue qu'il est bon à mettre hors de l'hôpital [1].

Il est possible qu'à l'origine toute la séméiologie de l'éternuement se réduisait à cette grossière alternative : signe de mort ou signe de résurrection.

La tradition hippocratique est déjà singulièrement plus nuancée. Hippocrate n'ignore pas qu'on puisse en tirer des pronostics, il écrit :

Dans les maladies, on apprend à tirer des signes diagnosti-

1. T. de Jolimont, *op. cit.*, p. 13.

ques des considérations suivantes : de la nature humaine en général... des sueurs ; des refroidissements ; des frissons ; de la toux ; *des éternuements ; des hoquets*, etc., etc. [1].

Mais, avant tout, il considère l'éternuement comme un incident à éviter ou à favoriser, comme une secousse qui, selon les cas, peut être favorable ou défavorable. En général, il redoute l'ébranlement qu'il provoque chez les blessés et dans les divers traumatismes qui relèvent du chirurgien.

Les déligations qui servent à maintenir des parties, telles que la poitrine, les côtes, la tête, et tout ce qui réclame des précautions semblables, sont mises en usage : les unes, à cause des pulsations morbides, afin qu'il n'en résulte pas d'ébranlement ; les autres, à cause de l'écartement des sutures des os du crâne, afin de les maintenir ; d'autres, en raison de la toux, des éternuements et de tous les autres mouvements qui se passent dans la poitrine, afin de la contenir [2].

Il note, d'autre part, que les utilisations qu'on en a tenté en chirurgie n'ont pas donné de résultat :

Au cas d'une déviation du rachis, ni la toux, ni l'éternuement n'ont aucune action qui vienne en aide à l'extension.

Et encore : Les déviations de l'épine en avant ne se réduisent ni par l'éternuement, ni par la toux, ni par l'injection d'air dans les intestins [3].

En revanche, Hippocrate n'ignorait pas que l'ébranlement, provoqué par l'éternuement, retentit jusqu'au bout du tube digestif ou jusque dans la matrice. Il signale des hémorrhoïdes qui commencent à sortir à l'occasion d'un éternuement [4], et note que l'éternuement favorise les accouchements laborieux [5].

1. **Hippocrate**, *Epidémies*, I, 10, éd. Littré, II, 671.
2. *Ibid.*, *De l'Officine du Médecin*, 25, éd. Littré, III, 335.
3. *Ibid.*, *Des articulations*, 48, *Moclique*, 38, éd. Littré, IV, 215 et 383.
4. *Ibid.*, *Des épidémies*, V, 20, éd. Littré, V, 221.
5. *Ibid.*, *Aphorismes*, V, 35, éd. Littré, IV, 545.

Cependant, d'une façon générale, dans les maladies sans lésion et particulièrement dans les maladies nerveuses, il considère l'éternuement comme un signe de bon augure.

Chez une femme atteinte d'hystérie, écrit-il, l'éternuement est favorable [1].

Des coryzas et des éternuements sont fâcheux, dit-il encore, dans toutes les affections du poumon, soit qu'ils les précèdent, soit qu'ils surviennent intercurremment ; mais dans les autres maladies les plus graves, les éternuements sont utiles [2].

Ce n'est pas le lieu de faire l'historique de la séméiologie de l'éternuement et, si nous avons insisté sur les opinions d'Hippocrate, c'est en raison de leur décisive importance. L'éternuement n'est déjà plus pour lui qu'une secousse et un symptôme.

Toutefois, il nous faut remarquer que les diverses significations prognostiques que l'on attribue à l'éternuement, depuis Hippocrate jusqu'au début du XIXᵉ siècle, ne présentent guère plus de certitude que les augures des Primitifs.

En 1817, Double, en sa *Séméiologie*, après avoir déclaré qu'il s'est attaché depuis longtemps à l'étude clinique de ce symptôme, affirme qu'il est parvenu à distinguer les cas où l'éternuement est avantageux et ceux, au contraire, où il est funeste et, enfin, propose la conclusion suivante, sous forme d'axiome :

Quand l'éternuement a lieu dès le principe d'une maladie aiguë avant la crise et sans complication d'affection catarrhale, on peut s'attendre que la fièvre sera longue et grave.

Ce principe, qui rappelle l'opinion défavorable des Primitifs sur l'éternuement qui éclate au début d'une action ou d'une entreprise, est-il beaucoup plus solide que cette très vieille croyance ?

1. **Hippocrate**, *Aphorismes*, V, 35, éd. Littré, IV, 545.
2. *Ibid.*, *Pronostic*, 14.

Au contraire, dit Double, quand l'éternuement se manifeste pendant ou après la crise même, avec des signes favorables d'ailleurs, c'est toujours d'un bon augure.

Les Primitifs estiment, eux aussi, le plus souvent, que l'éternuement, qui survient lorsqu'un acte est déjà commencé ou s'achève, peut être considéré, soit comme une approbation céleste, soit comme un signe favorable. Les deux opinions sont à peu près d'une égale valeur scientifique.

Ceci ne veut pas dire que les médecins se sont inconsciemment inspirés des interprétations augurales ; mais, à la façon des anciens devins, ils ont accordé trop d'importance au moment où éclate l'éternuement et trop peu à l'analyse physiologique.

Le mécanisme de la sternutation se ramène essentiellement à une vive excitation de la membrane pituitaire ou des filets pituitaires, du trijumeau (ethnoïdal) ; mais il est maintenant certain que l'ébranlement de certains nerfs de la face, comme les nerfs ciliaires par exemple, dont les relations avec l'ethnoïdal sont plus ou moins directes, peut également provoquer l'éternuement.

Partant de ces données insuffisantes, mais solides, nous ne devons pas nous demander d'abord qu'elle est la signification de tel ou tel éternuement et l'envisager uniquement comme un symptôme, mais comme un réflexe [1]. Le premier problème à poser est une question de physiologie clinique que nous pouvons énoncer ainsi : Comment et à quelle occasion se déclanchent le réflexe nasal et la secousse générale qui s'ensuit ?

1. On sent venir l'éternuement et l'on arrive, avec de l'entraînement, à l'empêcher d'éclater. Les acteurs, sur la scène, se pincent la paume des mains dans ce but (Dr WITKOWSKI). Dans les tranchées, les soldats de la grande guerre portaient l'extrémité de la langue à la voûte du palais, obturant soigneusement le larynx. Ce sont là des indications expérimentales qui ne sont pas sans intérêt.

Il est assez facile de distinguer quatre catégories de circonstances :

1º Sternutation d'origine mécanique : *L'éternuement est suscité par le chatouillement d'une barbe de plume ou d'un corps analogue, par l'inhalation de substances irritantes ou par l'action de la lumière.*

Le chatouillement de la pituite par un corps solide introduit dans la fosse nasale est encore parfois utilisé dans les syncopes. L'éternuement ainsi provoqué est véritablement expérimental.

Les gaz ammoniacaux, les émanations du vinaigre, du chlore ou des produits chlorés, les vapeurs de soufre ont la propriété bien connue d'irriter la muqueuse nasale, dont la vive réaction nous prévient de la présence d'un air irrespirable et du danger qu'y pourraient courir nos poumons et même nos yeux.

On connaît l'action des poussières ménagères ou industrielles, l'éternuement nous avertit encore d'avoir à prendre des précautions, si nous ne voulons pas encrasser nos poumons de façon regrettable.

A l'époque de la floraison de certaines plantes, telles que les graminées ou l'absinthe romaine, l'aspiration du pollen qui flotte dans l'atmosphère provoque l'éternuement et engendre même une véritable maladie, bien connue sous le nom de rhume ou de fièvre des foins. Dans toutes ces circonstances, le réflexe n'est pas un simple avertissement, il travaille à l'expulsion des particules étrangères. Les médicaments sternutatoires sont précisément constitués par des poudres végétales ou des vapeurs piquantes connues sous le nom de sels anglais.

Parmi les agents externes susceptibles de provoquer l'éternuement, il faut noter la lumière solaire. Aristote signalait déjà son action sur le réflexe nasal. Les uns l'expliquent par la sécrétion lacrymale qui vient subitement inonder la pituite. Ernest Labbée écrit : « Ne pourrait-on pas dire que la lumière produit le larmoiement et que ce sont les larmes, arrivant en abondance dans le nez par le canal nasal, qui chatouillent la muqueuse pituitaire et font éternuer ? » Et il ajoute : « J'ai quelquefois observé ce fait sur moi-même [1]. » C'est aussi l'opinion de M. Féré [2]. MM. Wertheimer et Surmont, suivis par le Dr Brisard, expliquent l'éternuement d'origine lumineuse par l'excitation des nerfs ciliaires dont les relations avec le trijumeau sont connues [3]. Les deux explications comportent une part de vérité suivant les cas.

On n'a pas signalé, que je sache, l'action directe de l'air froid sur la pituite ; mais elle mérite d'être notée. J'ai fréquemment provoqué l'éternuement, en passant de l'ombre au soleil, après avoir soigneusement fermé les yeux, et inversement en passant d'une région ensoleillée dans une région d'ombre très fraîche. L'élément chaleur, positif ou négatif, pourrait donc bien jouer son rôle dans l'action attribuée à la lumière solaire.

2° Sternutation d'origine anatomique. *L'éternuement provient d'une lésion ou d'une inflammation nasale ou même de lésions ou d'inflammations des régions adjacentes de la tête ou du cerveau.*

La congestion de la muqueuse pituitaire ou des cornets, les ulcères ou les chancres du nez, les vers qui peuvent se loger dans les tissus de la face et vingt autres causes analogues rendent les tissus et les filets pituitaires extrêmement sensibles, de sorte que l'éternuement se déclanche à la plus minime excitation.

Les observations d'éternuements spasmodiques occasion-

---

1. **E. Labbée**, v. *Sternutatoires*, dans A. DECHAMBRE, *Dict. encycl. des Sciences médicales*, Paris, 1883, 3° série, t. XII, p. 60.
2. Communication à la Société de Biologie, 1890.
3. Dr **Brisard**, *l'Éternuement*, p. 10-14.

nés par des lésions nasales sont nombreuses. On en trouvera de tout à fait typiques dans la thèse du Dr Brisard. Je
n'en citerai qu'une seule :

« Un grand chasseur avait un accès d'éternuements
spasmodiques toutes les fois qu'il avait tué et dépouillé un
chevreuil. Cet homme avait eu, autrefois, une fracture du
nez et l'inspection de son cornet inférieur révéla une muqueuse rouge recouvrant une saillie molle et dépressible.
On cautérisa au galvanomètre et l'on obtint une parfaite
guérison [1]. »

3° *Sternutation d'origine circulatoire ou humorale.
L'éternuement éclate fréquemment à la suite de troubles
circulatoires ordinairement provoqués par le refroidissement de quelque partie du corps, refroidissement qui peut
être aussi bien d'origine interne et pathologique que d'origine externe.*

Dans toutes les affections, dites catarrhales, tels le coryza
et la bronchite, tels aussi les troubles gastro-intestinaux du
typhus, les éternuements peuvent être un prodrome ou un
avertissement. Dans la rougeole, chez nombre de sujets, ils
se produisent plusieurs jours d'avance, mais le plus souvent ils éclatent lorsque la maladie est déclarée, alors que
l'organisme cherche à se débarrasser des supersécrétions
dues à la congestion et à l'inflammation. Le flux nasal et
l'expectoration pulmonaire sont favorisés par l'éternuement
qui semble alors un signe salutaire et que l'on provoque
avec avantage s'il s'agit d'un trouble sans profondeur et
sans lésion interne. Dans l'asthme et la coqueluche, l'éternuement est un symptôme classique et remplit parfois tout
le champ pathologique. Il arrive que l'accès, d'ailleurs, se
résolve tout entier en une crise d'éternuements et que ceux-
ci remplacent les excès de toux de la coqueluche. Le symptôme semble surtout alors un réflexe défensif.

1. **Dr Brisard,** *op. cit.,* p. 21.

L'évanouissement, la noyade, qui entraînent non seulement un refroidissement, mais un quasi-arrêt de la circulation, se terminent souvent par une crise d'éternuements et l'on doit chercher à la provoquer. Le réflexe nasal qui, en secouant l'organisme, ébranle l'appareil pulmonaire et l'appareil circulatoire, rappelle à la fois la respiration et les mouvements du cœur.

Dans des cas plus graves, dans l'asphyxie causée par des gaz méphitiques ou par les vapeurs des anesthésiques chirurgicaux, on commence toujours par l'emploi d'un ptermique. Au milieu de l'anesthésie générale, la muqueuse pituitaire conserve un reste de sensibilité qu'on doit mettre à profit pour rétablir l'activité vitale.

« La sternutation, écrit E. Labbée, a même été indiquée comme un moyen à essayer dans certains cas de choléra pour ranimer la respiration sur le point de s'arrêter, et stimuler la circulation languissante. Jolly avait conseillé cette pratique dans son *Traité sur le choléra*. Mais Roger, de l'Orne, le premier publia des faits en faveur de ce traitement, qui lui avait été révélé par un hasard singulier. Un jour qu'il avait été appelé près d'un cholérique dans un état grave, à la période d'algidité, il lui prescrivit 1 gr 50 de poudre d'ipéca *en trois prises*. Par suite d'une de ces interprétations étranges que l'on voit quelquefois dans la pratique médicale, on introduisit le remède dans les narines du patient qui fut pris aussitôt d'éternuements répétés et violents. A la suite de ces secousses, il y eut une réaction franche, ce fut le salut du malade [1]. »

4° Sternutations d'origine nerveuse *ne comportant ni excitation mécanique externe, ni lésion anatomique appréciable, ni supersécrétions ni hypocirculation notables.*

Dans ce cas, les éternuements semblent résulter des modifications brusques de l'appareil nerveux, soit qu'il

[1]. E. Labbée, *op. cit.*, p. 58-59.

s'agisse d'une variation de vitesse ou de potentiel du fluide nerveux, soit qu'il s'agisse de variables anatomiques qui nous échappent.

Les éternuements névropathiques qui ont provoqué de nombreuses et intéressantes recherches de nos jours mériteraient une importante monographie; nous ne pouvons en dire que quelques mots.

Ils peuvent atteindre des proportions fantastiques. Dans un cas donné par Morler on compte jusqu'à 50.000 éternuements en trois jours. Il n'est pas rare que les éternuements nerveux apparaissent, soit au début, soit à la fin d'une crise.

Félix Plater avait remarqué que la crise d'épilepsie se termine assez souvent par un éternuement, d'où l'idée de faire éternuer un épileptique qui a une attaque, pour hâter sa délivrance.

Récamier, qui eut également cette même idée, la conçut pour d'autres raisons. Ayant à traiter une jeune fille atteinte de cette névrose, il observa que toutes ses attaques étaient précédées de lourdeur de tête, d'étourdissements, de vertiges, de tintements d'oreilles et de troubles de la vue. Il pensa que ces symptômes disparaîtraient sous l'influence de sa poudre sternutatoire. Or, il advint non-seulement qu'ils s'affaiblirent mais que les crises nerveuses s'éloignèrent de plus en plus.

Les hystériques retardent ou empêchent leurs attaques en respirant des *sels*, et elles peuvent sortir d'une crise grâce à l'action d'un sternutatoire. C'est là un fait bien connu, même du vulgaire, sur lequel je n'ai pas à insister [1].

Les vapeurs de nos aïeules se traitaient par les sels.

L'éternuement semble réveiller l'action des nerfs et de l'encéphale. Pline note déjà que les éternuements provoqués par une plume soulagent la pesanteur de tête [XLIX]. Au XVIe siècle, Scribonnius Largus *(De compositionibus*

---

1. E. Labbée, v. *Sternutatoires.* p. 59.

medicamentorum, 1529), indiquait l'éternuement comme remède à certaines migraines. Max Simon rapporte que Charles IX fut guéri d'une céphalalgie intense par l'usage du tabac à priser[1]. Cette application, d'ailleurs tout empirique, s'est depuis vulgarisée. Elle est même passée en dicton car on entend dire parfois : *Une bonne prise éclaircit les idées.*

Bien entendu, cette classification des éternuements d'après leurs causes ne prétend pas à une absolue rigueur. Les éternuements qui abondent dans l'encéphalite épidémique dont on a observé nombre de cas en France à la fin de l'année 1920 doivent-ils être classés parmi les éternuements névropathiques? On attribue cette maladie à un virus filtrant (?) et l'on admet, sinon des troubles inflammatoires cérébro-spinaux, du moins une intoxication de ces régions. Il est d'ailleurs vraisemblable que le bacille, si bacille il y a, se nourrit aux dépens des humeurs et des tissus et les modifie.

Notons, enfin, que l'éternuement a une action non seulement physiologique mais mécanique qui peut être utilisée pour dégorger les parties voisines des cavités nasales, les yeux, le larynx et les oreilles. Nous avons vu qu'Hippocrate s'en servait dans les accouchements laborieux et certains médecins conseillent de l'employer pour favoriser l'arrivée des règles lorsque l'éruption en est difficile. En revanche, cette action mécanique a parfois provoqué des hernies, des hémorrhagies de la poitrine, des troubles oculaires ou auditifs. Au dire de Pline, éternuer après le congrès provoque l'avortement [XLV]. Les cas de mort consécutive à l'éternuement peuvent s'expliquer soit par le déclanchement d'une crise d'apoplexie soit par la rupture d'un anévrisme. Bien entendu, avant de provoquer l'éternuement et d'employer des sternutatoires, il faut tenir

---

1. **E. Labbée,** *loc. cit.,* p. 50.

compte des fractures, des plaies ouvertes ou ayant tendance à saigner, des lésions internes et de tous les états pathologiques où les moindres secousses sont à redouter.

Ces considérations mécaniques sont déjà, on l'a vu, plus qu'en germe dans Hippocrate ; mais, en revanche, nous avons vu également combien sa théorie de l'éternuement était rudimentaire. Depuis lors, ce chapitre de la physiologie a fait des progrès, mais combien encore insuffisants.

Les pronostics tirés de l'éternuement, de même que les utilisations qui en sont faites doivent s'inspirer d'abord de l'analyse physiologique. En fait, sous l'influence de la magie, c'est l'inverse qui s'est produit. Tout en cessant de voir un augure dans la sternutation, on y voit d'abord un pronostic. Aujourd'hui encore, malgré les travaux remarquables des savants français sur le mécanisme de notre réflexe et sur les éternuements névropathiques on a trop de tendance à négliger sa physiologie. Les souvenirs de la magie, augures ou pronostics, la facilité à suivre les sentiers tracés par la raison précritique font négliger l'usage de la raison vraiment critique. La médecine ne peut être scientifique qu'en réagissant tout d'abord contre les habitudes d'esprit de l'empirisme pour y substituer les pures disciplines expérimentales. La thérapeutique et la séméiologie, qui ne s'appuient pas sur l'expérimentation, reposent sur l'empirisme.

Il reste à reprendre l'étude du réflexe nasal pour l'envisager dans l'ensemble de ses relations et dans toutes ses diverses manifestations. C'est alors, seulement, que cessera l'influence retardatrice de la magie et que l'heure de la science aura vraiment sonné.

CONCLUSION

DE QUELQUES FAITS CURIEUX ET DE QUELQUES IDÉES GÉNÉRALES

D'aucuns trouveront que nous nous sommes arrêtés trop longtemps sur un aussi mince sujet. Et, cependant, nous avons dû négliger maints faits curieux, que l'on retrouvera d'ailleurs dans les Documents annexés. Il eût fallu, entre autres, consacrer un chapitre à l'éternuement chez les animaux. Martin Schook l'a fait ; il est vrai que ses chapitres sont des plus brefs.

Dans le poème de Job, on nous dit que l'éternuement du Léviathan fait jaillir la lumière [LII], mais les commentateurs modernes, même les plus orthodoxes, n'acceptent pas sur ce point la lettre biblique [LII, 2]. Pline rapporte, d'après les Egyptiens, que l'Oryx se tient en face de la canicule à son lever, la fixe et l'adore pour ainsi dire en éternuant [XLVII]. Il recommande à ceux qui ont des douleurs de tête, mais le remède n'est pas à la portée de tous, l'attouchement de la trompe de l'éléphant, alors qu'il éternue [XLVIII].

En Angleterre, on observe avec soin l'éternuement des chats ; on en tire à la fois des augures de bonheur et des présages météorologiques. En France, les Bretons du Finistère font des invocations en faveur des chevaux qui éternuent et les recommandent à saint Eloi, leur patron. On pourrait sans doute multiplier les traditions ou les faits de ce genre ; mais ils n'ont qu'un intérêt de curiosité. La physiologie expérimentale ne leur doit guère, si toutefois elle leur doit quelque chose.

On pourrait citer bien d'autres traditions curieuses. Les colombes éternuent-elles ? Je l'ignore, mais on devait le croire autrefois, puisque nos pères auraient conservé parmi leurs reliques divers éternuements du Saint-Esprit.

D'Aubigné assure, dans le *Baron de Fœneste* et dans le chapitre VII de la *Confession catholique du sieur de Sancy*, qu'à l'église de Saint-Front, en Périgueux, on montrait un éternuement du Saint-Esprit, dans une petite fiole que les Huguenots brisèrent, pendant les guerres de la Ligue [1].

D'après un correspondant de l'*Intermédiaire des Chercheurs et des Curieux*, « on montrait jadis dans la cathédrale de Cologne une fiole contenant aussi un éternuement du Saint-Esprit, lâché par celui-ci lors de l'Annonciation. J'ai lu, dit-il, de mes yeux, la chose dans une nomenclature des reliques de la dite cathédrale, sur le lieu même » [2].

Ces affirmations pourraient bien n'avoir qu'une valeur toute polémique. Dans les querelles théologiques, on n'était pas toujours exigeant sur la qualité des arguments. Et M. L. G., l'anonyme qui a visité Cologne, traite les traditions chrétiennes avec beaucoup trop de désinvolture pour qu'on l'en croie. Où a-t-il lu ce qu'il ajoute :

Ne serait-ce pas là l'origine du *Dieu vous bénisse* ? C'est, en effet, en lâchant cet éternuement, si précieusement mis en bouteille, que le Saint-Esprit annonça à la Vierge qu'elle était bénie entre toutes les femmes. Donc, rien de surprenant au *Dieu vous bénisse !* prononcé en commémoration de pareil fait.

Parmi les curiosités que nous avons volontairement négligées, on nous permettra de citer encore l'opinion des

---

1. J.-A.-S. Collin de Plancy, *Dict. critique des Reliques et des Images miraculeuses,* Paris, 1821, I, 283-284.

2. L. G., dans *Intermédiaire des Chercheurs et des Curieux,* 1896, XXXIV, 488.

Egyptiens qui estiment que l'éternuement, le rire et l'odorat
étaient sous la dépendance de la rate et que l'homme, à la
rate malade, ne peut plus ni flairer, ni rire, ni éternuer [L].

Il est certain, d'autre part, que les faits de salutation et
de divination que nous avons cités ne forment qu'une
faible partie des documents écrits qui courent le monde ;
mais nous espérons qu'ils paraîtront suffisants pour appuyer
les quelques idées générales que nous en avons dégagées.

Les vœux et les salutations adressés aux éternuants,
ainsi que les pieuses formules en leur faveur, découlent
des conceptions animistes ou spiritiques, qui inspirèrent les
premières explications de notre réflexe.

Lorsque les motifs de ces vœux et de ces salutations
cessèrent d'être compris, ou plutôt lorsque vieillirent les
théories animistes et spiritiques, on conserva néanmoins
les vieilles pratiques, et les clercs et le peuple les justifiè-
rent par des relations légendaires ou par des contes. Ce
fut le christianisme qui opéra cette adaptation avec la plus
grande habileté.

Tant que furent reçues les théories magiques ou magico-
religieuses de la sternutation, les éternuements furent considérés comme des augures et des présages. L'analyse des
circonstances de nombre, de temps et de lieux, à laquelle
nous avons procédé, constitue un bien curieux chapitre de
l'histoire de la divination.

De tous ces concepts périmés, d'aucuns contribuèrent au
progrès social. La thérapeutique et la séméiologie de l'éternuement s'inspirèrent d'abord des pratiques magiques et
des augures magico-religieux ; mais, sans la méthode expérimentale, encore insuffisamment pratiquée, la séméiologie
de l'éternuement se traînerait toujours dans un empirisme
sans valeur. La magie qui est au commencement de tout,
mène à tout, mais à condition qu'on en sorte.

DOCUMENTS

ETHNOGRAPHIQUES, FOLKLORIQUES ET MÉDICAUX[1]

I. — Océanie, Afrique, Amérique, Asie

I. — L'ÉTERNUEMENT EN NOUVELLE-ZÉLANDE

Lorsqu'un enfant maori éternue, sa mère récite immédiatement une longue incantation magique.

Si quelqu'un éternue durant un repas, on pense que c'est l'annonce d'une visite ou de quelque importante nouvelle.

Si un enfant éternue durant la cérémonie de l'attribution du nom, l'officiant porte aussitôt une idole de bois à son oreille et chante quelques paroles mystiques[2].

II. — EN NOUVELLE-ZÉLANDE

Il y a, en Nouvelle-Zélande, un charme pour empêcher le mal quand un enfant éternue[3].

III. — AUX ÎLES SAMOA

Quelqu'un éternue-t-il, *Vie à vous !* s'écrient les assistants[4].

---

1. Bon nombre de ces documents n'ont pas été cités dans le cours de notre travail ; ceux auxquels nous n'avons fait qu'allusion sont donnés ici intégralement.

2. R. Means-Lawrence, *The magic*, etc., p. 217.

3. Edw. Shortland, *Traditions and superstitions of the New Zealanders*, London, 1856, p. 131 ; cité par E.-B. Tylor, *Civilisation primitive*, I, 116.

4. Turner (Georges), *Nineteen Years in Polynesia*, London, 1861, p. 348. Voir aussi Th. William, *Fiji and Fijians*, London, 1860, I, 250 ; cité par E.-B. Tylor, I, 116.

iv. — Au Queensland (Australie)

Quand un homme du district de la Rully-River éternue, c'est qu'il y a une femme qui le désire ou parle de lui. De même, sur le Pennefather, lorsqu'une personne éternue, c'est qu'il y en a une autre qui parle d'elle, en bien ou en mal, dans un camp voisin. Si elle estime que ce doit être du mal, le lendemain elle partira aux informations. Elle peut accuser un ou deux hommes qui, très probablement, nieront, mais elle prend la précaution, tandis qu'elle fait son enquête, de présenter sa main avec les doigts enfermés sous le pouce replié, vers l'homme accusé. Si les jointures du pouce craquent, c'est une preuve positive que l'homme désigné a réellement parlé de lui. Autant que l'on peut s'en assurer, cette façon de procéder est parfois employée par un fanfaron vis-à-vis de quelque autre individu qu'il pense pouvoir subjuguer, et l'éternuement alors pleinement volontaire n'est que le prétexte d'une querelle [1].

v. — L'Eternuement du second mari en Mélanésie

Quand un homme qui a épousé une femme veuve ayant des enfants éternue, son beau-fils lui dit : *Malia revereve gam ô sulate !* (Que cet éternuement vous sorte le ver.) Car on croit que le premier mari garde rancune à son successeur et lui envoie un ver depuis l'endroit de la terre où les esprits se rencontrent.

vi. — L'éternuement signe de malédiction

Dans les îles Bank, on trouve une méthode de divination appelée *so ilo* et employée pour savoir où est une personne ou une chose perdue, qui est le voleur, si un ami absent est mort ou vivant. Il faut lever les mains au-dessus de la tête et les frotter l'une contre l'autre en chantant un chant magique qui appelle un esprit. La réponse est donnée par les craquements des jointures ; s'il est question de vie ou de mort, l'homme vit encore lorsque les pouces ou les épaules craquent ; si ce sont

---

1. W. E. Roth, *North Queensland Ethn., Bull. nº 5, Superstition magic and medicine,* Brisbane, 1903, p. 26, nº 97.

les coudes, l'homme est mort. Si un homme éternue, il fait *so ilo*, afin de savoir qui le maudit ; il fait tourner ses poings, il pose la question, et la réponse lui est donnée lorsqu'il demande : Est-ce un tel ? et que ses coudes craquent [1].

VII. — L'INVOCATION A UTIKXO CHEZ LES ZOULOUS

Je m'informai auprès de lui, lui disant : « Mon père, aidez-moi au sujet d'Utikxo, et dites-moi où l'on dit que se trouve Utikxo ? Et si le mot n'est employé que depuis l'arrivée des missionnaires. »

Et Ulangeni répondit : « Non, le mot Utikxo n'est pas un mot que nous ayons appris des Anglais ; c'est un vieux mot à nous. On avait toujours l'habitude de dire quand un homme éternuait : « *Puisse Utikxo me regarder toujours avec bienveillance !* »

Alors je demandai : « Puisque vous employez simplement ce mot Utikxo, que voulez-vous dire ? Puisque de ce qui le concerne vous ne savez rien, que voulez-vous dire ? » Il répondit : « En ce qui concerne l'emploi du mot Utikxo, nous avions l'habitude de le dire quand il tonnait, et ainsi nous savions qu'il y a un pouvoir qui est dans le ciel ; et enfin nous avons adopté la coutume de dire : Utikxo est celui qui est au-dessus de tout. Mais on ne disait pas qu'il était dans une certaine place ; on disait qu'il remplissait tout le ciel. On ne faisait pas de distinction de lieu [2]. »

VIII. — L'ÉTERNUEMENT AU VIEUX CALABAR

Lorsqu'un enfant éternue chez les nègres du Vieux Calabar, on les entend dire quelquefois : *Loin de vous !* en faisant un geste comme pour repousser quelque mal [3].

---

1. R.-H. Codrington, *The Melanesians*, Oxford, 1891, in-8°, p. 40 et 211.

2. Callaway (Rev. Canon), *Divination as existing among the Amazulu*, London, 1870, in-8°, p. 64-65, note 25.

Les Amazoulous disent du Seigneur du ciel, pour lequel ils n'ont pas de nom, ce que les Amakxosa disent de Utikxo.

3. R.-F. Burton, *Wit and Wisdom from West Africa*, p. 373 ; cité par E.-B. Tylor, *La Civilisation primitive*, II, 110.

IX. — A Madagascar

A Madagascar, lorsqu'un enfant éternue, sa mère invoque la bénédiction divine, conformément à l'usage européen (lisez arabe) [1].

X. — Au Zanzibar

Les Swahilis de Zanzibar, population métissée de nègres et d'arabes, lorsque quelqu'un éternue, disent : *Afia !* ce qui veut dire *santé !* et ajoutent souvent cette formule religieuse : *Bark Allah ! (Dieu soit béni !)* [2].

XI. — L'éternuement chez les Sioux ou Dakhotas

Si l'on éternue une fois, c'est un ami ou un compagnon cher, votre fils ou votre femme qui vous a nommé ; aussi, l'éternuant s'écrie-t-il : *Mon fils !* S'il éternue deux fois, il s'exclame : *Mon fils et sa mère !* [3].

XII. — Chez les Hurons

L'éternuement provoque des imprécations de la part des personnes présentes [4].

XIII. — Comment s'explique l'éternuement pour les Indiens de la Guyane

Durant l'éternuement et le bâillement, l'esprit quitte temporairement le corps à travers le nez et la bouche [5].

XIV. — Au Mexique l'éternuement est un intersigne

Au Mexique, l'on croyait autrefois que l'éternuement témoignait qu'une autre personne disait du mal de vous ou que deux ou plusieurs personnes s'entretenaient à votre sujet [6].

---

1. A. Means-Lawrence, *The magic*, etc., je ne sais sur quelle autorité.
2. Dr Ch. Brissard, *L'éternuement*, p. 45, sur je ne sais quelle autorité.
3. James Owen Dorsey, *A Study of Siouan cults*, dans *Eleventh Ann. Rep. of the Bureau of Ethn.*, Washington, 1894, p. 500.
4. F.-G. Sagard, *Le grand voyage du pays des Hurons*, p. 107.
5. Walter E. Roth, *An Inquiry into the animism and Folklore of the Guiana Indians*, dans *30e Annual Rep. of the Bureau of Amer. Ethnology*, Washington, 1915, p. 271.
6. *Journal of american Folklore*, 1897, x, 272.

xv. — Prescriptions des lois de Manou

Qu'un Brahmâne ne mange pas dans le même plat que sa femme et ne la regarde pas pendant qu'elle mange, qu'elle éternue ou qu'elle bâille, ni lorsqu'elle est assise nonchalamment (IV, 43).

Un Brahmâne ne doit jamais manger... la viande sur laquelle on a éternué (IV, 213)[1].

xvi. — L'éternuement du Brahmane

Les pieux Brahmanes ont soin de porter la main à l'oreille droite lorsqu'il leur arrive d'éternuer dans l'accomplissement d'une cérémonie religieuse ou en d'autres temps spécifiés par les *Shastras* (les saints livres des Hindous). Les mauvais esprits entrent dans le corps aussi bien par les oreilles que par le nez ou la bouche, et en portant la main à l'oreille on a pour but de les empêcher de pénétrer par là[2].

xvii. — Salutations

Un Hindou éternue : *Vie !* disent les assistants ; *Avec vous !* répond-il[3].

xviii. — Salutation dans les Indes

Après avoir éternué, un indien ne manque jamais de s'écrier : *Rama ! Rama !* Nul doute que cette exclamation pieuse ne se rapporte à quelque préjugé superstitieux[4].

xix. — Salutations

Après avoir éternué, un Hindou ne manque jamais de s'écrier : *Rama ! Rama !* comme pour implorer le secours de cette divi-

1. *Lois de Manou,* IV, 43 et 213.
2. R. Means-Lawrence, *The magic,* etc., p. 223-224, je ne sais sur quelle autorité.
3. Chesnel, *Dict. des Superstitions,* Paris, Migne, cité par E.-B. Tylor, *Civilisation primitive,* I, 108.
4. J.-A. Dubois, *Mœurs, Institutions et Cérémonies des peuples de l'Inde,* Paris, 1825, I, 465.

nité, et se recommander à Vichnou incarné. Les assistants font aussi des souhaits en sa faveur [1].

XX. — Crainte de l'éternuement

« Juste au moment où nous allions aborder au port, soudainement les hommes firent reculer le navire, disant : « — Quelqu'un vient d'éternuer, nous ne pouvons pas jeter l'ancre à « présent. » Ils jetèrent l'ancre cependant quelques instants après. Un éternuement les emplit de crainte ; mais, en attendant un peu de temps, ils pensent que la mauvaise influence s'éloigne. »

Après un éternuement, vous pouvez manger ou vous baigner ; mais vous ne pouvez pas entrer dans une maison [2] parce que c'est considéré comme un mauvais présage [3].

Un Hindou n'hésite pas à remettre un voyage ou quelque affaire importante s'il entend quelqu'un éternuer [4].

XXI. — Signification de l'éternuement

Dans l'Inde, on attache une grande importance à l'éternuement ; les différentes manières dont on s'acquitte de ce besoin s'interprètent de bien des façons. Par exemple, si une femme indienne. malgré l'extrême envie qu'elle a d'éternuer, n'en peut venir à bout, elle est persuadée qu'en cet instant-là même, son mari, absent, éprouve une velléité d'infidélité non suivie d'effet [5].

XXII. — Baillement

L'Hindou doit, quand il bâille, faire claquer son pouce sur ses doigts et prononcer le nom de quelque dieu, de Rama, par

1. **Abbé Bertrand**, *Dictionnaire des Religions*, 1849. II, 588.

2. *Oriental Proverbs and Sayings*, n° 130.

3. **Mrs Parkes**, *Wanderings of a Pilgrim... during four and twenty years in the east*, London, 1850, II, 289.

4. *Panjab Notes and Queries*, June, 1884. p. 101, et Feb., 1885, p. 79.

5. **Lamairesse**, *Poésies populaires de l'Inde*, cité par Laisnel de la Salle, *Le Berry*. II. 153.

exemple ; négliger de le faire c'est un péché aussi grave que le meurtre d'un brahmane [1].

XXIII. — L'AVERTISSEMENT NASAL

Si quelque pieux hindou éternue par hasard au moment où il commence ses ablutions matinales dans le Gange, il recommence immédiatement ses prières et sa toilette.

Parmi les Alforangs ou les aborigènes de l'île de Célèbes, dans l'archipel Indien, s'il arrive à l'un d'eux d'éternuer au moment où il quitte une réunion d'amis, il reprend de suite sa place jusqu'à ce qu'il ressente un nouveau tressaillement [2].

XXIV. — DANS L'INDE SEPTENTRIONALE DE NOS JOURS

Comme on peut s'y attendre, les Bhûts (esprits) aiment beaucoup à entrer par la bouche. C'est la raison de tous les rincements de bouche qui font partie du rituel journalier des Hindous et de la plupart des précautions compliquées qu'ils prennent lors de leurs repas.

XXV. — DANGER DU BAILLEMENT

Il est mauvais de bâiller, car deux espèces de dangers sont à redouter : ou bien les Bhûts peuvent descendre dans votre gorge, ou bien une partie de votre âme peut s'échapper et ce sera très difficile de la rattraper. Aussi, s'il vous arrive de bâiller, il faut mettre votre main devant votre bouche et dire ensuite : Mârâyan ! « *Grand Dieu !* » ; ou il faut faire craquer vos doigts, ce qui effraiera le mauvais esprit.

XXVI. — L'ÉTERNUEMENT

Si un homme éternue derrière le dos d'un autre, le dos de ce dernier est légèrement pincé. A Bombay, s'il y en a un qui éternue durant un repas, un autre convive lui commande

1. W. Ward, *The Hindoos*, I, 142, référence fournie par E.-B. Tylor, *Civilisation primitive*, I, 120 ; mais que je n'ai pu retrouver dans mon édition de Ward (3e), London, 1817.

2. A. Featherman, *The social history of the Races of Mankind*, cité par R. Means-Lawrence. *The magic*, etc., p. 215.

de dire son lieu de naissance. Le seuil, dans le folklore de toutes les nations, est regardé comme une place sacrée. C'est là, selon les croyances écossaises et irlandaises, que résident les fées de la maison. S'asseoir sur le seuil, d'après les femmes indiennes, c'est s'exposer à avoir des furoncles sur la partie qui le touche, et d'éternuer sur le seuil est considéré comme un accident des plus néfastes. En somme, un éternuement est de mauvais augure, tandis qu'après deux éternuements on peut commencer à travailler en toute sécurité [1].

XXVII. — L'ÉTERNUEMENT FACHEUX

D'après une superstition chinoise, un éternuement qui éclate la veille du nouvel an est d'un fâcheux augure, et pour le contrebattre l'éternuant doit visiter trois familles ayant des surnoms différents et demander à chacune un petit gâteau en forme de tortue qu'il doit manger avant minuit [2].

XXVIII. — ETERNUER EST UN MAUVAIS PRÉSAGE

Eternuer est tenu chez les Thugs pour un mauvais présage, dont ils se préoccupent fort en partant pour quelque expédition, et qui les frappe tellement, qu'il peut aller jusqu'à leur faire rendre, aux voyageurs prisonniers, la liberté [3].

XXIX. — DANS LE TURKESTAN

Lorsque quelqu'un a le hoquet, l'étiquette veut que l'on dise : *Vous me gagnez quelque chose*, et l'on suppose que cette phrase porte bonheur.

Les indigènes du Turkestan considèrent le bâillement comme un acte mauvais qui indique de mauvaises dispositions du cœur et d'une âme prête à recevoir le démon. Lors donc qu'ils

1. W. **Crooke**, *The popular religion and folklore of Northern India*, Westminster, 1896, in-8°, p. 241.

2. *Philadelphia Inquirer*, 1898, 24 February, cité par R. **MEANS-LAWRENCE**, *The magic*, etc., p. 218.

3. A. **Bastian**, *Der Völker des œstlichen Asien*, Leipzig et Iéna, 1866-1871, II, 129, cité par E.-B. **TYLOR**, *Civilisation primitive*, I, 118.

bâillent, ils mettent la main, la paume en dehors, devant la bouche ouverte, afin de barrer ainsi la route au démon [1].

XXX. — FÉLICITATIONS EN PERSE

En Perse, la personne qui éternue est l'objet de félicitations et de souhaits de bonheur [2].

XXXI. — SIGNE DE BONHEUR

L'éternuement est tenu pour un heureux augure parmi les Persans, spécialement lorsqu'il est répété souvent [3].

II. — L'éternuement chez les anciens : Grecs, Romains, Egyptiens

La doctrine d'Aristote

XXXII. — NATURE DE L'ÉTERNUEMENT, SA VALEUR DE PRÉSAGE

La partie du visage qui sert de passage à l'air, c'est le nez ; c'est par le nez qu'on aspire et qu'on expire. C'est aussi par le nez que se fait l'éternuement, qui est l'expulsion de l'air accumulé, et c'est le seul parmi les vents de notre corps d'où on a tiré des présages sacrés [4].

XXXIII. — LES PROBLÈMES, SECTION IV : L'ACTE VÉNÉRIEN

§ 9. — Pourquoi, lorsque les organes n'éprouvent pas un pressant besoin, ne doit-on, ni se livrer à l'acte vénérien, ni vomir, ni éternuer, ni lâcher un vent ?

N'est-ce pas parce que, les organes ne sentant pas un violent besoin, nous sommes à peu près comme les plantes qu'on arra-

---

1. Eugène Schuyler, *Turkestan*, p. 29, cité par R. MEANS-LAWRENCE, *The magic*, etc., p. 218 et 224.

2. R. Means-Lawrence, *The magic*, etc., je ne sais sur quelle autorité.

3. Hanway, *Travels in Persia*, I, 161, cité par W.-C. HAZLITT, *Faiths and Folklore*, London, 1915, II, 554.

4. Aristote, *Histoire des animaux*, l. I, ch. IX, § VIII, trad. Barthélemy-Saint-Hilaire, I, 54.

che de la terre, et auxquelles on enlève quelque autre chose que ce qu'on veut, ou qui laissent dans le sol une de leurs parties arrachées ?...

§ 16. — *Pourquoi le plaisir de l'acte vénérien est-il si vif ? Et cette faculté a-t-elle été donnée aux animaux, comme un besoin nécessaire, ou en vue d'un but déterminé ?*

Si ce plaisir est si vif, n'est-ce parce que le sperme vient de tout le corps, comme quelques naturalistes le prétendent ? Ou bien, s'il ne vient pas de tout le corps, n'est-ce pas qu'il vient de cette partie spéciale où se rencontrent tous les canaux des veines ? C'est aussi un grand plaisir d'éternuer ; et ce plaisir se ressent dans toutes les parties du corps. Mais ce qui rend l'éternuement si agréable, c'est la sortie de l'humidité pleine de vent qui avait été contre nature renfermée dans le corps...

XXXIV. — LES PROBLÈMES, SECTION XXXI : DES YEUX

§ 1. — *Pourquoi fait-on cesser l'éternuement en se frottant les yeux ?*

N'est-ce pas parce qu'alors on fait transpirer le liquide ? Car l'œil pleure après qu'on l'a frotté, et l'éternuement n'est produit que par la quantité des liquides. Ou bien, n'est-ce pas parce qu'une moindre chaleur est éteinte par une plus forte ? L'œil frotté prend plus de chaleur qu'il n'y en a dans le nez. C'est là ce qui fait qu'en frottant le nez lui-même, on fait cesser l'éternuement [1].

XXXV. — LES PROBLÈMES, SECTION VII : DE LA SYMPATHIE

§ 1. — *Pourquoi, quand on voit des gens bâiller, se laisse-t-on aller presque toujours à bâiller à son tour ?*

N'est-ce pas parce qu'il suffit d'un simple souvenir pour être porté à l'action, surtout dans les choses où le mouvement est facile, comme l'est, par exemple, l'action d'uriner ? Le bâillement n'est qu'un souffle et le mouvement de l'humide. C'est fort aisé de le faire pour peu qu'on y pense ; et l'on est ainsi tout prêt à agir.

1. Aristote, *Les Problèmes*, IV, 9, 16, et XXXI, 1, trad. Barthélemy-Saint-Hilaire, I, 139-140, 148 ; II, 348.

§ 2. — Pourquoi, quand nous voyons quelqu'un étendre la main ou le pied, ou faire tel autre mouvement, ne l'imitons-nous pas, tandis que si quelqu'un bâille devant nous, nous bâillons aussi sur-le-champ ?

Mais n'est-il pas vrai qu'on ne bâille pas toujours en ce cas, et ne faut-il pas que le corps soit également dans cette disposition, de telle sorte que l'humide y soit également échauffé ? C'est alors la mémoire qui produit le mouvement, comme c'est elle qui agit dans les choses du sexe et de l'appétit ; car ce qui produit en nous le souvenir, nous pousse aussi vers l'objet que notre imagination nous représente.

§ 6. — Pourquoi, quand des gens bâillent, bâille-t-on aussi ? Pourquoi urine-t-on quand on voit uriner ? Et surtout pourquoi ce phénomène se passe-t-il chez les bêtes de somme ?

N'est-ce pas l'effet d'un souvenir ? Car lorsqu'on se souvient, c'est l'organe spécial qui est ému. Chez les hommes qui sont plus sensibles, dès qu'ils voient la chose, ils sont émus sur-le-champ et ils se souviennent. Chez les bêtes de somme, il ne leur suffit pas de voir ; il faut encore une autre sensation ; voilà pourquoi elles flairent, parce que chez les animaux privés de raison, c'est le sens de l'odorat qui est mû plus aisément... [1].

XXXVI. — POURQUOY ESTERNUENT LES HOMMES ?

Afin que par telle force expulsive, la vertu visuelle et le cerveau soient purgéz de leurs excremens et superfluitez : car ainsi comme le polmon se purge par la toux, ainsi fait la vertu visuelle, et le cerveau par éternuement, tellement que celuy qui esternüe volontiers et souvent est estimé avoir le cerveau bon et fort. Aussi les medecins voulens aucunes fois faire purger le cerveau, baillent certaines drogues pour faire esternüer, qu'ils appellent *sternutoria*, esternuemens (sternutatoires) et advenant que le patient fort atteint de maladie ne puisse esternuer il est en danger de mort [2].

1. Aristote, *Les Problèmes*, VII, 1, 2, 6, trad. Barthélemy Saint-Hilaire, I, 210-212, 216-217.

2. *Les Problèmes*, d'Aristote, *traitant de la nature de l'homme et de la femme*, etc., Rouen, 1668 : Du nez, § 18, f. 20. — Cette singulière adaptation d'Aristote nous a semblé assez typique pour mériter d'être signalée.

XXXVII. — L'ÉTERNUEMENT SUPPRIME LE SOUVENIR DE LA DOULEUR

Xanthias et Bacchus, étant descendus aux enfers, se trouvent aux prises avec Eaque ; et comme ils se proclament dieux tous les deux et par suite insensibles aux coups, Eaque décide de les fouetter de verges l'un après l'autre :

EAQUE. — Tiens ! *(il frappe Xanthias)*.

XANTHIAS. — Regarde si tu me verras broncher.

EAQUE. — Je t'ai déjà frappé.

XANTHIAS. — Mais non !

EAQUE. — Tu ne l'as guère senti, je crois. A l'autre !

BACCHUS. — Fais vite.

EAQUE. — Mais je t'ai frappé !

BACCHUS. — Ah ! je n'ai pas même éternué ! Comment cela ? [1]

EAQUE. — Je ne sais pas ; allons, je reviens au premier... [2].

XXXVIII. — L'ÉTERNUEMENT EST UN AUSPICE

Que d'importants services les oiseaux ne rendent-ils pas aux mortels... Avant de rien entreprendre : affaire commerciale, mariage, achat de vivres, vous consultez les oiseaux en prenant les auspices, et vous donnez ce nom d'*ornis* (ce mot en grec signifie à la fois oiseau et auspice) à tous les signes qui annoncent l'avenir. Pour vous, une parole est un auspice ; *vous appelez auspice un éternuement*, auspice une rencontre, auspice un bruit inconnu, auspice un esclave, auspice un âne. N'est-il pas évident que nous sommes pour vous Apollon prophétique ? [3].

XXXIX. — CRAINTE DE L'ÉTERNUEMENT

« Nous nous affligeons lorsque quelqu'un éternue. » [4]

XL. — INSCRIPTION LATINE

Dans la Maison du Faune, à Pompéi, sur une colonne du

1. S'il avait éternué, il aurait pu oublier la souffrance éprouvée, mais ce n'est pas le cas.

2. Aristophane, *Les Grenouilles*, trad. C. Poyard, p. 411-412.

3. *Ibid., Les Oiseaux*, 720, trad. C. Poyard, p. 270.

4. Ménandre dans Stobée, *Serm.* XCVIII. 8.

jardin, on peut lire une inscription que l'on peut traduire librement :

Victoire, bonne chance à toi et où que tu sois, éternue plaisamment [1].

XLI. — Croirons-nous donc aux éternuements ?

« Au moment où M. Crassus s'embarquait à Brindes avec son armée, un marchand qui vendait sur le port des figues venues de *Caunus*, criait *Cauneas !* Admettons, si vous le voulez, que ce cri, par sa ressemblance avec *Cave ne eas !* était pour Crassus un avertissement de ne pas partir, et que s'il eût obéi à ce présage, il n'eût pas péri ; mais admettons en même temps qu'il faudra soigneusement noter désormais les faux pas, les courroies rompues et les éternuements [2]. »

XLII. — Le mauvais maître ne tolère pas l'éternuement

Tandis que (le maître) se farcit le ventre... les malheureux valets n'oseraient remuer les lèvres ni dire un mot. On fait faire silence à coups de bâton ; s'il arrive à quelqu'un de tousser, d'éternuer ou de faire un hoquet, il en est aussitôt châtié [3].

XLIII. — Usage de saluer ceux qui éternuent

Pourquoi salue-t-on ceux qui éternuent, ce que Tibère, qui était certainement le plus sombre des hommes, exigeait, dit-on, même en voiture ?

Quelques personnes trouvent qu'il est plus religieux alors de nommer ceux qu'on salue [4].

XLIV. — Cas ou l'éternuement est un mauvais présage

Après un éternuement on regarde comme un détestable présage de rapporter un plat sur une table si l'on ne mange pas après cela quelque chose, ou de cesser complètement de

---

1. E. Naville Rolfe, *Pompéï popular and practical*, London, 1888, cité par R. Means-Lawrence, *The magic*, etc., p. 210.
2. Cicéron, *De la Divination*, II, 40, dans *Œuvres*, éd. Nisard, IV, 236.
3. Sénèque, *Epîtres à Lucilius*, XLVII, dans *Œuvres*, éd. Nisard, p. 602
4. Pline, *H. N.*, XXVIII, 5, 2, éd. Littré, II, 253.

manger. Ces pratiques ont été établies par ceux qui croyaient les dieux présents dans toutes les affaires et à tous les instants, et qui, par cette piété, nous les ont laissé propices malgré nos vices [1].

XLV. — Danger de l'éternuement

La marche, et à vrai dire tout, importe dans une femme grosse : ainsi, pour avoir usé d'aliments trop salés, des femmes mettent au monde des enfants privés d'ongles ; et le travail de l'accouchement est plus difficile chez celles qui ne savent pas retenir leur haleine. Le bâillement même est mortel dans l'accouchement ; et éternuer après le congrès provoque l'avortement [2].

XLVI. — Dédain de Pline pour les éternuements auguraux

Dieu décrète une fois pour toutes le destin des hommes à venir, et du reste demeure dans le repos. Cette opinion commence à se fixer dans les esprits ; le vulgaire lettré et le vulgaire ignorant s'y précipitent également. Voici venir les avertissements donnés par les éclairs, les prévisions des oracles, les prédictions des auspices et l'on va même jusqu'à tirer pronostic de circonstances insignifiantes, des éternuements et des objets que heurte le pied... Tout cela embarrasse l'humanité imprévoyante ; et une seule chose est certaine, c'est que rien n'est certain et que l'homme est ce qu'il y a de plus misérable ou de plus orgueilleux [3].

XLVII. — L'éternuement d'adoration

Les Egyptiens donnent le nom d'Oryx à un animal qui, disent-ils, se tient en face de la canicule à son lever, fixe ses regards sur elle, et l'adore pour ainsi dire en éternuant [4].

XLVIII. — De la trompe de l'éléphant

L'attouchement de la trompe de l'éléphant calme les douleurs de tête, surtout si l'animal éternue en même temps [5].

---

1. Pline, *H. N.*, xxviii, 5, 4-5, éd. Littré, ii, 254.
2. *Ibid.*, *H. N.*, vii, 5, 2, éd. Littré, i, 286, qui traduit de façon équivoque : annonce l'avortement.
3. *Ibid.*, *H. N.*, ii, 5. 8, éd. Littré, i, 102.
4. *Ibid.*, *H. N.*, ii, 40, éd. Littré, i, 119.
5. *Ibid.*, *H. N.*, xxviii, 25, éd. Littré, ii, 264.

XLIX. — L'ÉTERNUEMENT COMME MÉDICATION

Les éternuements provoqués par une plume soulagent la pesanteur de tête... Les éternuements font cesser le hoquet... Théophraste dit que les vieillards éternuent plus difficilement que les autres [1].

L. — XXXIXe HIÉROGLYPHE D'HORAPOLLON
LE CHIEN, LA RATE ET L'ÉTERNUEMENT

Le scribe sacré est aussi désigné par le chien. Cet animal désigne encore le Devin, celui qui embaume les animaux sacrés, la Rate, l'Odorat, le Rire, l'Eternuement, le Magistrat, le Juge.

. . . .

Le Chien désigne la Rate, parce que c'est celui des animaux qui jouit de la meilleure santé, et que c'est la rate seule qui lui occasionne la mort ou la rage. Outre cela, ceux qui l'embaument sont en grande partie malades de la rate, lorsqu'ils doivent mourir : ce qui vient de l'odeur qu'ils ont respirée du cadavre de cet animal disséqué.

Le chien désigne l'Odorat, le Rire, l'Eternuement, parce que ceux qui sont pleinement attaqués de la rate, ne peuvent plus flairer, ni rire, ni éternuer [2].

III. — L'éternuement et les religions : Judaïsme, Christianisme, Islamisme

LI. — L'ÉTERNUEMENT SIGNE DE RÉSURRECTION
LE FILS DE LA SUNAMITE

Elisée entra et, ayant fermé la porte sur eux deux, il pria Jéhovah. Et il monta et se coucha sur l'enfant ; il mit sa bouche sur sa bouche, ses yeux sur ses yeux, ses mains sur ses mains, et il s'étendit sur lui ; et la chair de l'enfant se réchauffa.

1. Pline, *H. N.*, xxviii, 15, éd. Littré, ii, 259.
2. Horapollon, *Hiéroglyphes*, xxxix, trad. Requier, 1779, p. 81-83.

Elisée retourna dans la maison, s'y promena çà et là, puis remonta et s'étendit sur l'enfant et *l'enfant éternua sept fois*, et il ouvrit les yeux. Elisée appela Giézi et dit : — Appelle la Sunamite. — Giézi l'ayant appelée, elle vint vers Elisée qui lui dit : — Prends ton fils. — Elle alla se jeter à ses pieds et se prosterna contre terre ; et prenant son fils elle sortit [1].

LII. — L'ÉTERNUEMENT DU LÉVIATHAN

Qui a ouvert les portes de sa gueule ?
Autour de ses dents habite la terreur.
. . . .
Ses éternuements font jaillir la lumière,
Ses yeux sont comme les paupières de l'aurore.
Des flammes jaillissent de sa bouche,
Il s'en échappe des étincelles de feu.
Une fumée sort de ses narines,
Comme d'une chaudière bouillante.
Son souffle allume des charbons,
De sa bouche s'élance la flamme [2].

LIII. — UNE LÉGENDE RABBINIQUE DE L'ORIGINE DE LA SALUTATION

S'il faut en croire les rabbins, depuis l'origine du monde, les hommes n'éternuaient jamais qu'une seule fois dans leur vie ; aussitôt, ils mouraient subitement en quelque lieu qu'ils se trouvassent. Mais Jacob, qui ne goûtait pas cette façon de sortir du monde, demanda humblement à Dieu la faveur de ne point mourir, sans avoir auparavant mis ordre aux affaires de

---

1. *II Rois*, IV, 33-37.

2. *Job.*, XLI, 5, 9-12. Les commentateurs modernes identifient léviathan au crocodile. Nous lisons dans le *Dictionnaire de la Bible* de F. Vigouroux ces lignes curieuses : « Quand l'homme éternue, l'air expulsé entraîne avec lui et projette violemment au dehors les parties liquides qu'il rencontre sur son passage. De même le crocodile, quand il lève sa tête hors de l'eau, rejette brusquement, comme s'il éternuait, le liquide contenu dans sa gueule et ses fosses nasales. Ce liquide, vivement projeté au dehors, ressemble à de la vapeur, et même, sous les rayons du soleil, prend les teintes de l'arc-en-ciel, pour le spectateur convenablement placé, et ressemble à la flamme. » H. Lesêtre, v. *Eternuement*, dans F. VIGOUROUX, *Dict. de la Bible*, Paris, 1899, II, 2.002.

sa maison. Dieu exauça sa prière ; Jacob éternua sans mourir. Tous les princes de la terre, informés de ce fait, furent plongés dans l'étonnement, car une semblable merveille n'était jamais arrivée depuis la création du genre humain. C'est de là qu'est venu l'usage de former des souhaits pour la vie et la prospérité de ceux à qui il arrive d'éternuer. La formule judaïque est : *Khayim tobim !* ou, comme ils prononcent communément : *Hayem tofem !* puissiez-vous vivre longtemps I (Mot à mot, *Vita bona*) [1].

LIV. — PROMÉTHÉE ET L'ÉTERNUEMENT
(LÉGENDE GRÉCO-RABBINIQUE)

Première variante

Prométhée obtint de Minerve, sa patronne, la permission d'aller faire un tour dans les cieux, pour en tirer de quoi perfectionner son ouvrage. Il porte un flambeau sous son manteau, l'allume aux rayons du soleil, redescend vite vers son homme, et lui met le feu à la tête ; mais le cerveau humide, à l'approche de la flamme, lâche un éternuement violent qui éteint le flambeau. Prométhée, furieux de voir que le premier mouvement de l'homme eût été d'éteindre sa lumière, allait prendre un caillou pour lui casser la tête, lorsque sa créature éternua une seconde fois avec plus de violence, et ralluma par ce souffle le flambeau de son auteur. Celui-ci, apaisé par ce nouvel incident, félicite l'homme sur le recouvrement de la lumière, et lui souhaite, dans son intérêt, plus de circonspection à l'avenir.

LV. — *Deuxième variante*

Prométhée, ayant formé la figure de l'homme, fit venir le lièvre, le renard, le paon, le tigre, le lion et l'âne, pour prendre à chacun de ces animaux ce qu'il avait de bon, et le souffler dans l'homme. La figure, ainsi composée de pièces d'emprunt, commençait à vivre et à respirer. La terre, dont la tête et le

1. **Abbé Bertrand**, *Dictionnaire des Religions*, Migne, 1849, II, 587-588. Sur la formule de salutation, voir **Buxtorf**, *Lexicon Chaldaicum ;* **Tendlau**, *Sprichwœrter...*, *Deutsch-Judischer Vorzeit*, Frank. a. M., 1860, p. 142.

cerveau étaient formés, conservant encore de l'humidité, tandis
que les autres parties étaient fort sèches, la première envie
qu'eut l'homme, ce fut d'éternuer. Il haussa la tête deux ou
trois fois, et éternua enfin avec un bruit si épouvantable, que
tous les animaux qui étaient présents s'enfuirent de frayeur.
Prométhée, qui était fin et pénétrant, jugea par là que l'homme
aurait l'empire sur tous les autres animaux, puisque, avec un
signe de tête et un peu de bruit, il les avait terrifiés et mis en
fuite. Il le salua donc *roi des animaux*, et pria Dieu que cela
lui réussît. En mémoire de cet éternuement, qui a fait déclarer
l'homme le maître des animaux, on le salue encore quand il
éternue.

LVI. — *Troisième variante*

Prométhée avait fini son ouvrage, et le retouchait. Il s'aperçut que l'argile qui formait le nez était trop court pour un
animal qui devait être fin et disert. Il remanie donc ce nez
camard, et l'allonge en y ajoutant de nouvelle matière ; mais il
touche par mégarde un petit nerf, et voilà que son homme
éternue d'une si grande force, que toutes ses dents, mal affer-
mies, en sautèrent dans leurs alvéoles. Prométhée, effrayé,
pria Dieu que cela n'arrivât plus, et dit à l'homme : *Dieu vous
assiste !* On a toujours répété, depuis, le même souhait dans la
même circonstance..., pour la conservation des dents [1].

LVII. — CONCILE DE LEPTINES (A. D. 743)
CONDAMNE LES SUPERSTITIONS DE SON TEMPS EN TRENTE NUMÉROS

(Indiculus du Vatican)

N° XIII. — *De auguriis vel avium, vel equorum, vel bovum
stercora vel sternutationes.*

LVIII. — OPINION D'UN SERMONAIRE CHRÉTIEN

Dans un ancien sermon anglo-saxon, dont on conserve un
exemplaire à la Bibliothèque de Cambridge (Angleterre), l'auteur fait allusion à certaines superstitions qui avaient cours

1. H. Morin, dans C. Leber, *Collection*, VIII, 372-374, notes.

chez les Saxons, avant leur conversion au christianisme. L'écrivain dit :

« Celui qui ajoute foi à la divination par les oiseaux ou par les éternuements, par les chevaux ou les chiens, n'est pas un chrétien mais un insigne apostat [1]. »

LIX. — L'OPINION D'ALCUIN (735-804)

Le savant maître de l'Ecole du Palais sous Charlemagne estimait que les éternuements étaient dénués de toute valeur augurale, sauf pour ceux qui leur accordaient confiance. Et il ajoutait : « Il est permis à l'esprit du mal de décevoir les personnes qui y attachent de l'importance, parce que dans quelque degré il arrivera souvent que les pronostics se trouveront vérifiés [2]. »

LX. — OPINION DE JEAN DE SALISBURY (1181)
(SECRÉTAIRE DE SAINT THOMAS DE CANTORBÉRY,
PUIS ARCHEVÊQUE DE SENS)

Rapportant un proverbe populaire (?) contre les songes et les augures : *Qui somniis et auguris credit, nunquam fore securum,* (celui qui croit aux songes et aux augures vivra sans cesse dans l'inquiétude), il ajoute : J'estime que cette opinion est très véridique et très exacte. Car, que fera celui qui éternue une ou plusieurs fois ? Que fera-t-il s'il bâille ? L'esprit imprudent se laisse séduire par des nuages, le fidèle ne s'y laisse jamais prendre [3].

LXI. — POURQUOY ON SALUE CEUX QUI ESTERNUENT

Grégoire le Grand institua les grandes Litanies... à cause de certaine maladie qui couroit alors, en laquelle leur venoit des apostumes aux aines, desquelles plusieurs finirent leurs jours...

Encore de ceste infection sortit une autre espèce de mortalité, que dès que quelcun esternuoit, il trépassoit subitement :

1. Cité par R. MEANS-LAWRENCE, *The magic,* p. 211.
2. Cité sans réf. par R. MEANS-LAWRENCE, *op. cit.,* p. 211.
3. *Polycraticus sive de nugis curialium et vestigiis philosophorum,* cité par W. C. HAZLITT, *Faith and Folklore,* London, 1905, II, 554.

et de là est venue la coustume (comme l'on dit) que quand
quelcun esternuë, on luy dit : *Dieu vous soit en aide !* ainsi
qu'on le voit observer pour le jourd'huy...

Toutes fois me semble il que nous observons cecy plus par
une considération naturelle qu'autrement, en tant que les trois
parties plus principales de nostre corps sont la teste, l'estomach
et le ventre. Or tout ainsi que les ventositez d'em-bas sont et
sortent du ventre, et le roter procède du ventricule : aussi
l'esternuement est de la teste, par lequel tout le corps presque
est esmeu, et sert de signe et indice, que le reste du corps est
en assez bonne disposition. Et c'est pourquoy quelques fois
nous esveillons ceux qui sont voisins de la mort par quelque
esternutoire : afin que s'il ne peut esternuer, on cognoisse que
c'est fait de sa santé et qu'il n'y a plus espoir de vie.

Et pour ce Aristote, livre I de la Nature des animaux, escrit
ainsi de ceste chose : La partie de la face nommée le nez est
celle qui donne passage et conduit à nostre air et respiration :
veu que c'est par iceluy que nous prenons air, et par là le ren-
dons aussi en respirant : et l'esternuement sort du même lieu
qui est une issuë véhémente de toute la force de notre souffle-
ment, signe d'augure et présage en nous, et l'une de nos
respirations la plus saincte et sacrée. Ainsi la coustume a esté
prise de tout temps que l'esternuement soit estimé sacré pour
estre le signe que nous sommes bien disposez en nous, et pour
ce saluons-nous ceux qui esternuent et leur souhaitons l'aide
de Dieu [1].

LXII. — D'OU EST VENU LA COUSTUME DE DIRE A CEUX QUI ESTERNUENT : « DIEU VOUS GARDE » OU « DIEU VOUS SOIT EN AYDE »

L'an de nostre salut 619 en Italie courut une sorte de
maladie qu'en esternuant on mouroit soudain quelquefois. Ce
qui donna dès lors entrée à la coustume quand on voyoit
quelcun commencer à esternuer, on luy disoit, *Dieu vous ayde !*

---

1. **Polydore Vergile**, *Les mémoires et histoire de l'origine, invention et
autheurs des choses*, liv. VI, ch. XI, trad. F. de Belle-Forest, Paris,
Le Mangnier, 1576, p. 691-692.

laquelle coustume depuis ce temps est entretenue pour le jourd'huy [1].

LXII *bis*. — DE L'OPINION DES ANCIENS D'APRÈS M. DELRIO, S. J.

Quant aux esternuements, il est certain que les anciens ne les ont tousiours estimez ny de bon, ny de mauvais encontre : et pour cela lors que quelqu'un esternuoit, les assistants avoient-ils coustume de luy souhaiter du bien, à ce que si quelque infortune luy estoit pronostiquée, ils la détournassent par leurs bonnes prières. Ils estimoient que l'esternuement du matin estoit du tout malencontreux : celui de midy tout au contraire, un très heureux auspice : et la marque d'une entreprise non vaine, principalement s'il procédoit du costé gauche, tesmoins Aristote mesme, Properce et Catulle [2].

LXIII. — ORIGINE DE LA SALUTATION AUX ÉTERNUEMENTS
D'APRÈS LES CHRONIQUEURS ALSACIENS

En 591 régnait en Italie une épidémie : les gens rendaient l'âme dans des éternuements et des bâillements.

Kœnigshoven (chronique) dit à ce sujet : — Quand un homme éternuait, son âme s'échappait et il était mort ; de là est venue dans le monde entier l'habitude de dire quand on éternue : *Dieu t'assiste !* Sauf à Strasbourg, il n'est pas permis de dire : *Dieu t'assiste !* aux personnes nobles.

Kleinlawel dans sa chronique strasbourgeoise rimée écrit : « Quand on comptait l'an 590 — il y eût grand mourir ; — beaucoup de gens en marchant, — dans les auberges, ou arrêtés, — tombaient morts, rendant l'âme — dans des éternuements et bâillements. — De là quand on éternue, vient l'habitude — de dire : *Dieu t'assiste !* même quand — certaines

1. Du Verdier, *Les diverses leçons d'Antoine du Verdier suivant celles de Pierre Messie.* liv. II, ch. IX. Tournon, 1610, p. 104.

2. Martin Delrio, s. j., *Les controverses et recherches magiques*, trad. A. Du Chesne, Paris, 1611, l. III, sect. IV, p. 466-467. Delrio se trompe complètement sur le sens que les anciens donnaient à l'éternuement qui procédait du côté gauche et néglige de distinguer entre les entreprises commerciales ou guerrières et les aventures amoureuses.

gens aujourd'hui bâillent, — elles font un signe de croix sur leur bouche [1]. »

LXIV. — Du fait de louer Dieu pour celui qui éternue

Anas-ben-Mâlik rapporte que deux hommes ayant éternué en présence du Prophète, celui-ci fit des souhaits à l'un, sans en faire à l'autre. — Pourquoi, lui demanda-t-on, as-tu agi ainsi ? — Parce que, répondit-il, le premier avait loué Dieu et l'autre ne l'avait pas fait.

LXV. — Du souhait a adresser a celui qui éternue quand il a loué Dieu

El-Barâ a dit : Le Prophète nous a ordonné sept choses et nous en a interdit sept autres. Il nous a ordonné de visiter les malades, de suivre les enterrements, *d'adresser un souhait à celui qui éternue,* d'accepter les invitations, de rendre le salut, de venir en aide à l'opprimé et de déférer à celui qui vous conjure. Il nous a interdit le port de la bague — ou de l'anneau — en or, le port des vêtements de soie, de brocart, de satin et les coussins de selle en soie.

LXVI. — De ce qu'il y a de favorable dans l'éternuement [2] et de ce qu'il y a de facheux dans le baillement

Abou-Horeïra rapporte que le Prophète a dit : — Dieu aime l'éternuement, mais il hait le bâillement. Lorsque quelqu'un éternue et qu'il dit : *Louange à Dieu!* tout Musulman qui l'a entendu, doit lui adresser un souhait. Quant au bâillement, comme il provient du démon, il faut le réprimer autant qu'on le peut. Dès que quelqu'un fait *ha !* [3] le démon se met à rire.

LXVII. — Comment doit-on formuler son souhait a quelqu'un qui éternue ?

Abou-Horeïra rapporte que le Prophète a dit : — Quand

1. Auguste Stœber, *Die Sagen des Elsasses,* n° 252, Saint-Gallen, 1852, reproduit par Jean Variot, *Légendes et traditions orales d'Alsace,* Paris, 1920, III, 416.

2. Les Musulmans assurent qu'éternuer dégage le cerveau et éclaircit les idées.

3. Ce mot reproduit le son que l'on fait entendre en bâillant.

l'un de vous éternue, qu'il dise : *Louange à Dieu !* Son frère ou
son compagnon devra lui dire alors : *Dieu te soit clément !*
Quand on lui a dit : *Dieu te soit clément !* celui qui a éternué
doit dire : *Dieu vous guide et améliore votre situation !*

LXVIII. — ON NE DOIT PAS ADRESSER DE SOUHAIT
A CELUI QUI ÉTERNUE S'IL N'A PAS DIT : « LOUANGE A DIEU ! »

Solaïmân-El-Teïmi a entendu Anas dire : Deux hommes
ayant éternué en présence du Prophète, il adressa un souhait
à l'un sans l'adresser à l'autre. Ce dernier dit alors : — O
Envoyé de Dieu, tu as adressé un souhait à celui-ci, sans m'en
adresser un à moi. — C'est, répondit le Prophète, que
celui-ci a dit : *Louange à Dieu !* tandis que toi tu n'as pas
prononcé ces mots.

LXIX. — QUAND ON BAILLE ON DOIT METTRE SA MAIN
DEVANT SA BOUCHE

Abou-Horeïra rapporte que le Prophète a dit : Dieu aime
l'éternuement, mais il hait le bâillement. Quand l'un de vous a
éternué et qu'il a dit : *Louange à Dieu !* il est du devoir de
tout Musulman qui l'a entendu de lui dire : *Dieu te soit clément !*
Quant au bâillement, il est uniquement provoqué par le démon.
Quand l'un de vous a envie de bâiller, qu'il se retienne le plus
qu'il pourra, car lorsque l'un de vous bâille, le Diable se
moque de lui [1].

LXX. — L'ÉTERNUEMENT DANS L'EGYPTE MODERNE
PARMI LES MUSULMANS

Lorsqu'il arrive à un homme d'éternuer, il dit : *Louange à
Dieu !* et toutes les personnes présentes (sauf généralement les
serviteurs) lui répondent alors : *Que Dieu aie pitié de vous !* à
quoi le premier réplique habituellement : *Dieu nous guide et
vous guide !* ou par quelque autre compliment ayant un sens
analogue.

1. **El-Bokhari.** *Les Traditions islamiques,* trad. par O. HOUDAS,
Paris, 1914. Titre LXXVIII. De l'Éducation. Chap. CXXIII à CXXVIII.
Tome IV, p. 211-213.

S'il arrive de bâiller, on met le dos de sa main gauche devant sa bouche et l'on dit : *Je cherche refuge auprès de Dieu loin de Satan le maudit ;* mais on ne le complimente pas sur cet acte, car il s'agit d'une chose qu'il est préférable d'éviter ; chacun étant persuadé que le diable a l'habitude de sauter dans une bouche qui bâille. Lorsqu'il s'agit d'un manquement aux bonnes manières, il est plus commun de demander pardon à Dieu qu'à la compagnie et de dire : *J'implore le pardon de Dieu, le Grand* [1].

LXXI. — DANS L'EST AFRICAIN

Au témoignage des plus anciens explorateurs anglais la coutume de la salutation après l'éternuement était commune dans les parties les plus reculées de l'Est africain. Speke et Grant furent incapables de découvrir une seule trace de religion parmi les indigènes de l'Afrique équatoriale, sauf dans leur coutume de formuler une prière ou une invocation arabe lorsqu'une personne éternue [2].

LXXII. — SALUTATIONS ALGÉRIENNES

En Algérie, les Arabes de la haute société s'écrient : *Ramouk-el-lah !* autrement dit *Dieu vous donne une bonne santé !* A quoi l'on répond : *I rahmek-el-lah ! (Dieu vous le rende !)*

Les Hébreux disent : *Toubim ! que votre existence soit heureuse !* et répondent : *Toub lakh ! (Que Dieu vous le rende !)*

Les Juifs et les Arabes vulgaires disent : *Traiche ! (Que Dieu vous prête vie !)* et ils répondent : *Sahah ! (Merci !)* [3].

LXXIII. — EN GUINÉE FRANÇAISE PARMI LES NOIRS MUSULMANS

L'éternuement annonce, chez les *Tyapi* (de Kadé), un malheur à venir ; chez les Foula on admet généralement que l'esprit intérieur de celui qui éternue est mal à l'aise et on a

---

1. **Ed.-W. Lane**, *Manners and customs of the modern Egyptians*, London, 1860, p. 205. V. aussi : **Grant**, dans *Tr. Ethn. Soc.* III, 90.

2. *Temple Bar*, 1875, XLIII, cité par R. **Means-Lawrence**, *The magic,* etc., p. 232.

3. D' Ch. **Brisard**, *L'éternuement,* p. 45.

coutume, après un éternuement, de dire à celui qui a éternué : *bismillah ! (au nom de Dieu !)* comme nous avons l'habitude de dire : *A vos souhaits !* [1]

LXXIV. — Ancienneté de la salutation en Allemagne

En preuve de l'ancienneté de cet usage, Grimm cite divers poètes du moyen âge :

Die Heiden nicht endorften niesen, dâ man doch sprichet, Nu *helfiu Got !* (Turl Wh. 35).

Christ in helfe ! sô sie *niesen* (Ms. 2, 169 b).

Durch doz solte ein schilt gesellen kiesen, daz im ein ander *heiles wunschte,* ob dirre schilt kunde *niesen* (Tit. 80).

Swer ze vremden *niesen* sich rimpfet daz ist ouch verlorn (Ettn. Frauenl., p. 70).

Sô *wünsch* ich dir ein *niesen* (Ms., 2, 217b).

Wir sprechen, swer niuset, Got *helfe dir !* (Renn. 15.190 et Myst I, 103, 10).

Deus te adjuvet ! (Pistorius Script., 1, 1.024) [2].

LXXV. — L'éternuement de Noel

Dans les nuits de Noël, n'éternuez pas et le bétail ne mourra pas [3].

LXXVI. — En Allemagne au XVIIᵉ siècle

Cramer rapporte que l'on considère comme très impoli de ne pas dire à quelqu'un qui éternue : *Salut !* ou *Dieu te bénisse !* [4].

LXXVII. — Extraits de Chemnitzer Rocken — philosophie

186. Eternuer en mettant ses souliers est un mauvais signe.

1. F. de Contouly, *Quelques points du Folklore des Foula et des Tyapi de Kadé* (Guinée française), dans *Revue d'Ethn. et des Trad. popul.,* 1920, 1, 120.

2. Jacob Grimm, *Teutonic mythology,* éd. J.-S. Stallybrass, London, 1883, III, 1.116.

3. *Ibid.,* III, 1.117 et 1.637.

4. John Aubry, 1686-1687, *Remaines of Gentilisme and Judaïsme,* éd. J. Britten, London, 1881, p. 104.

266. Si, tandis que vous racontez quelque chose, vous ou quelqu'un des assistants éternue, c'est une preuve de la véracité de votre récit.

437. Si vous éternuez le matin en vous levant, retournez vous coucher encore trois heures, autrement c'est votre femme qui sera la maîtresse durant huit jours [1].

LXXVIII. — Eternuement des femmes enceintes en Esthonie

Si deux femmes enceintes éternuent en même temps, elles auront des filles ; si ce sont leurs maris, ce seront des fils [2].

LXXIX. — L'éternuement dans l'eau
(Traditions orales de la Hesse)

Sur un petit pont qui joint les deux bords de l'Auerbach, quelqu'un entendit quelque chose qui éternua trois fois dans l'eau ; trois fois la personne répondit : *Dieu vous aide !* Cela délivra l'âme d'un jeune enfant qui, depuis déjà trente ans, attendait ces mots.

Au delà du même pont, selon une autre tradition, une autre personne entendit dans l'eau éternuer trois fois. Aux deux premières fois, elle répondit : *Dieu vous aide !* Mais, à la troisième, elle dit : *Que le diable vous emporte !* Alors il se fit dans l'eau un tourbillonnement, comme si quelqu'un s'agitait avec violence.

LXXX. — La pauvre ame
(Tradition orale de Paderborn, Prusse)

Il y a sous le pont qui est devant Haxthausen-Hove, à Paderborn, une pauvre âme qui éternue par intervalles. S'il passe, en ce moment, un chariot sur le pont, et que le conducteur ne dise pas : *Dieu vous bénisse !* le chariot ne manque jamais de verser ; l'homme devient pauvre et se casse une jambe.

1. J. Grimm, *Teutonic mythology*, éd. Stallybrass, London, 1888, IV, p. 1.785, 1.788, 1.794.

2. *Etwas über die Ehsten*, Leipzig, 1788, cité par Stallybrass, dans *Teutonic mythology*, IV, 1.843.

LXXXI. — La demoiselle maudite
(Eisnacher Volks-sagen, II, 179-180)

Non loin d'Eisenach, dans une caverne creusée dans les rochers, se montre quelquefois, vers l'heure de midi, une demoiselle qui ne peut être délivrée que lorsque quelqu'un lui aura crié trois fois, en entendant ses trois éternuements : *Dieu vous aide !* C'était une fille entêtée que sa bonne mère avait maudite dans un moment de colère [1].

LXXXII. — Le garçon incrédule

La tradition rapporte qu'un garçon incrédule mourut il y a longtemps d'un incessant éternuemeut durant une épidémie de peste à Wurmlinger, en Wurtemberg. Au récit de ses fautes, il fut condamné à errer dans le voisinage en éternuant par intervalles. Un jour qu'un villageois traversait le pont qui passe au-dessus des prairies voisines de la ville, il entendit quelqu'un au-dessous éternuer deux fois, et chaque fois il répondit pieusement : *Dieu vous aide !* Mais lorsqu'il entendit éternuer une troisième fois, le villageois pensa : Le compagnon peut continuer d'éternuer longtemps encore et me rendre fou. Puis il cria avec colère : *Que le Diable vous aide !* Sur ce, une voix larmoyante sortit de dessous le pont disant : Si vous aviez dit : *Dieu vous aide !* une troisième fois, j'aurais été délivré du charme qui m'enchaîne [2].

LXXXIII. — En Lithuanie

Ad. Pictet rapporte les termes lithuaniens *Skiandu, czùwu,* etc. *Sweik's uzezuwes* (= wohl bekommen, niese gesund !) [3], de l'onomatopée sanscrite : *kshu,* d'où *kshava kshuta,* etc. [4].

LXXXIV. — Pratique de la divination par l'éternuement
en Espagne

Le fameux Enrique de Villena « se laissa entraîner à quel-

---

1. Grimm, *Les Veillées allemandes,* trad. L'Héritier de l'Ain, Paris, 1838, I, 367-368.

2. Ernst Meier, *Deutche Sagen, Sitten und Gebraüche aus Schwaben,* Stuttgart, 1852, R. Means-Lawrence, *The magic,* etc., p. 237-238.

3. Ad. Pictet, *Les Origines indo-européennes,* Paris, 1877, III, 389, note.

4. Cf. Pott, *W w b,* I, 687.

ques vils et faciles moyens de deviner les songes et éternuements et signes et autres telles choses qui à un prince royal et
moins encore à un catholique et fervent chretien ne seyaient [1] ».

LXXXV. — LA SALUTATION EN ESPAGNE

L'usage de saluer les personnes qui éternuent, si répandu en
Espagne, semble avoir une double origine dans la religion et
la civilité. Quant aux divers augures que l'on a toujours associés
aux éternuements, on ne saurait douter qu'il s'agisse de survivances païennes [2].

LXXXVI. — EN PORTUGAL

L'usage de la salutation est universel au xviiie siécle, et
son omission y était regardée comme un manquement grave
aux bonnes manières [3].

LXXXVII. — LES SALUTATIONS EN ITALIE

En Italie, on se fait un grand scrupule de ne pas saluer ceux
qui éternuent des mots : *Viva !* (Vivez !) ou *Felicita !* (Félicité !)
Il paraît probable que cette dernière expression était celle
même qui était employée par les anciens Romains [4].

LXXXVIII. — VARIANTES ITALIENNES

Chez nous, en Italie, quand on éternue, on vous dit : *Salut,
prospérité, cent ans de vie, un fils mâle* et autres prédictions *(sic)* [5].

En italien, on dit : *Felicita !* ou *Salute !* Dans le dialecte sici-
lien : *Mill'anni !* (Mille années !). Dans le dialecte de Modène :
Che Dio ev' sêlva ! — Che Dio ev' bendêssa ! (Que Dieu vous
sauve ! vous bénisse !) [6].

---

1. Perez de Gusman, *Generaciones y semblazas,* cité par Poggiardo dans
Intermédiaire des chercheurs et des curieux, 1889, XXII, 237.

2. Juan Cervera Bachiller, *Creencias y superstitiones,* Madrid, 1883, cité
par R. Means-Lawrence, *The magic,* etc., p. 235.

3. J. Brand, *Observations on popular antiquities,* p. 652.

4. J.-J. Blunt, *Vestiges of ancient manners and customs discoverable in
modern Italy and Sicily,* Murray, 1823, ch. x, et C.-R., dans *Galignani
Magazine,* 1823, v, 119.

5. L. G. M., dans *Intermédiaire des chercheurs et des curieux,* 1889, XXII, 238.

6. P. Riccardi, *Lo Sternuto,* dans *Rivista europea,* Firenze, 1880, XVII,
75, note.

IV. — L'éternuement en Europe,
du moyen âge à nos jours

LXXXIX. — Opinion de Jérome Cardan (1501-76)

Le célèbre médecin et philosophe milanais, parlant des génies et des esprits familiers, présente l'éternuement comme un phénomène surnaturel, ainsi que le bourdonnement d'oreille, et présume qu'ils présagent des événements d'importance [1].

XC. — En Albanie

La formule de salutation est : *Me shentet! Pour la santé !* [2]

XCI. — Chez les Grecs modernes

L'éternuement dénote qu'une personne que l'on a favorisée se souvient de vous [3].

XCII. — Dans la Macédoine contemporaine

Durant le jeu que l'on pratique pendant les fêtes de Pâques, s'il arrive que l'un de ceux qui sont présents éternue, il doit déchirer un morceau du devant de sa chemise, s'il veut se préserver des mauvaises influences [4].

En Macédoine, le fait d'éternuer s'interprète de trois façons différentes et la formule de salutation varie selon le cas.

1° L'éternuement est considéré comme une confirmation de ce que dit juste en ce moment la personne qui parle. Celle-ci doit aussitôt s'interrompre et dire à l'éternuant : « Je te souhaite une bonne santé, car (tu as prouvé que) je disais la vérité ! »

2° On considère que l'éternuement indique que les ennemis absents sont en train de dire du mal de l'éternuant, et les assistants expriment le pieux désir qu'ils périssent quels qu'ils soient [5].

---

1. J. Beaumont, *A Treatise of Spirits*, London, 1705, cité par R. Means-Lawrence, *The magic*, etc., p. 212.

2. Hahn, J. G. von *Albanesische Studien*, Iéna, 1854, p. 108.

3. Turner, *Journal*, III, 516.

4. G. F. Abbott, *Macedonian Folklore*, Cambridge, 1903, p. 30.

5. Comp. W. H. D. Rouse, *Folklore from the Southern Sporades*, dans Folk-Lore, 1899, p. 181.

3° L'éternuement est pris pour un signe de santé, surtout lorsque l'éternuant sort de maladie. La formule appropriée est alors : *Santé et joie !* à laquelle les gens facétieux ajoutent : *et puisse la belle-mère éclater !*

XCIII. — L'ÉTERNUEMENT EN TURQUIE

Parmi les Turcs, la salutation aux éternuants est en grande vogue, comme en témoigne un conte humoristique attribué à Nasreddin Kodja, le fameux sage persan du XIVe siècle [1].

XCIV. — LE BAILLEMENT ET LE TROLL

Dans une légende populaire d'Islande, un *troll,* qui a pris la forme d'une belle reine, dit : « Quand je bâille un peu, je suis une toute petite et blanche jeune fille ; quand je bâille en ouvrant à moitié la bouche, je suis un demi-troll ; quand je bâille à bouche béante, je suis alors un troll complet [2]. »

XCV. — LA SALUTATION ISLANDAISE

Lorsqu'un Islandais éternue, il dit : *Dieu m'assiste !* et à un autre qui éternue : *Dieu vous aide !* [3]

XCVI. — ETERNUEMENT ET INTELLIGENCE

En Ecosse, même les gens d'une certaine éducation soutiennent que les idiots sont incapables d'éternuer. Si cela est vrai, il est d'ailleurs assez logique d'en conclure que l'éternuement du nouveau-né est le signe d'un certain degré d'intelligence [4].

XCVII. — UN TRIPLE ÉTERNUEMENT EN NAISSANT

Au moment de sa naissance, Philippe Ronayne, en flairant l'air froid de ce monde, *éternua trois fois ;* ceci fut considéré comme un bon augure et comme un témoignage de la netteté de son intelligence. En effet, le premier jour qu'on lui mit

1. G. F. Abbott, *loc. laud.,* p. 113-114.

2. Powell and Magnussen, *Legends of Iceland,* 2e série, p. 448, cité par Edw. B. TYLOR, *La Civilisation primitive,* I, 121.

3. Jon Arnason, *Legends of Iceland,* 2d serie, p. 646.

4. *Notes and Queries,* 1st série, vol. XII. Ces deux dernières références données par R. MEANS-LAWRENCE, *The magic,* etc., p. 217.

entre les mains un livre pour apprendre à lire, il déchira de ses petites mains blanches les trois premières lettres de l'alphabet, comme chose indigne de lui ; de sorte que le père et la mère, en voyant de telles preuves de son génie, regardaient leur fils avec un orgueil particulier [1].

XCVIII. — L'ÉTERNUEMENT ET LA MALADIE

Dans le Nord-Est de l'Ecosse, lorsqu'un malade n'éternue pas, la maladie se terminera par la mort [2].

XCIX. — LES SALUTATIONS EN ECOSSE

Lorsqu'une personne éternue, c'est l'usage que les personnes présentes disent : *Je vous remercie !* à quoi l'on ajoute quelquefois : *Nous ne prendrons pas son nom en vain !* Quelques-uns disent : *Dieu soit avec vous !* d'autres, *Dieu et Marie soient avec vous !* et d'autres encore : *Saint Columban soit avec vous !*

Si vous voulez empêcher les fées d'approcher, vous dites : *Les mains de votre père et de votre grand-père soient sur vous !* Certaines expressions semblent avoir été jugées avantageuses, mais quelques-unes des phrases employées ne paraissent pas avoir de sens. Si les assistants disent : *Vos idées le temps prochain !* la personne qui éternue répond : *Que le bol de votre tête les recueille !*

Lorsqu'un enfant bâille, la nourrice dira : *Que la lassitude et la pesanteur soient tout là-bas sur la pierre grise !* [3]

C. — L'ÉTERNUEMENT ET LES VISITES

Dans une note de son *Mountain Bard*, relative aux superstitions du Selkirkshire, Ettrick Sepherd dit : « Quand les gens éternuent en mettant les pieds hors du lit, le matin, ils sont assurés qu'ils recevront des étrangers dans la journée et en nombre égal à celui des éternuements [4]. »

1. E. Domenech, *Les gorges du diable : Voyage et aventures en Islande,* Paris, 1864, p. 293.

2. W. Gregor, *Notes on the folklore of the Nord-East of Scotland,* p. 205.

3. J.-G. Campbell, *Superstitions of the Highlands and Islands of Scotland,* Glasgow, 1900, p. 238.

4. Rev. Ch. Rogers, *Scotland social and domestic,* cité par R. MEANS-LAWRENCE, *The magic,* etc., p. 217.

CI. — DE L'ÉTERNUEMENT
AU TEMPS DE LA REINE ELISABETH (1533-1603),
D'APRÈS LES « BURGHLEY PAPERS » LANSDOWNE MSS (N° 121),
DU BRITISH MUSEUM

1. — Si un homme parle avec un autre sur un sujet, et éternue deux ou quatre fois, qu'il se lève tout de suite ; s'il est assis ou s'il est debout, qu'il se mette en marche et aille tout droit sans arrêt faire ses affaires, car il prospérera.

2. — S'il éternue plus de quatre fois, qu'il reste tranquille, car il y a des doutes sur la manière dont les choses iront.

3. — Si un homme éternue une ou trois fois, qu'il ne continue pas plus longtemps ce qu'il fait, qu'il abandonne tout, car il n'en sortira rien.

4. — Si deux hommes éternuent ensemble au même moment c'est un bon signe, et qu'ils continuent ce qu'ils ont entrepris, que ce soit sur terre ou sur mer, et ils prospéreront.

5. — Eternuer deux fois est un bon signe, mais éternuer une fois ou trois fois c'est un mauvais signe. Si on entre soudainement dans une maison et qu'on éternue une fois, c'est un bon présage.

6. — Un éternuement dans la nuit fait par quelqu'un de la maison présage du bonheur pour la demeure, mais s'il éternue deux fois, cela signifie dommage.

7. — Il est vrai que celui qui éternue a sa part de la signification dans cette condition qu'il partage quelque part avec les autres.

8. — Si un homme éternue deux fois, trois nuits de suite, c'est un signe que quelqu'un de la maison va mourir ou bien que quelque grand bien ou grand mal arrivera dans cette maison.

9. — Si un homme va demeurer dans une maison et qu'il éternue une fois, qu'il y demeure, mais s'il éternue deux fois qu'il ne s'attarde pas ni qu'il n'y demeure.

10. — Si un homme est couché éveillé dans son lit et éternue une fois, c'est le signe de quelque grave maladie ou incommodité.

11. — Si un homme dort dans son lit et éternue une fois,

cela prédit de grands ennuis, la mort de quelqu'un ou une extrême incommodité due à la perte de quelque substance.

12. — Si un homme est au lit et qu'il fasse un éternuement une fois, c'est un bon signe à la fois de santé et d'argent ; mais s'il dort, c'est beaucoup meilleur.

13. — Si un homme éternue trois nuits de suite, c'est un bon signe pour tout ce qu'il fera.

14. — Si un homme voyage par les chemins et entre dans une auberge et éternue deux fois, qu'il s'en aille de la maison et entre dans une autre, ou bien il ne prospèrera pas.

15. — Si un homme est à la recherche de travail et qu'il en trouve et alors éternue une fois, qu'il s'en aille et laisse son travail derrière lui et qu'il cherche du travail ailleurs et il fera bien ; mais s'il éternue deux fois, qu'il prenne son travail et n'aille pas plus loin.

16. — Si un homme, après qu'il a fait un marché avec un autre pour quelque chose, éternue alors une fois, cela signifie que ce marché ne tiendra pas.

17. — Si un homme se lève à temps le lundi matin et éternue une fois en sortant de son lit, c'est un présage qu'il prospèrera et gagnera toute la semaine, ou qu'il aura quelque autre joie ou commodité.

18. — Mais s'il éternue deux fois, c'est juste le contraire.

19. — Si un homme perd un cheval ou quelque autre chose et, s'arrêtant *(sic)* hors de sa porte pour le chercher, éternue une fois, c'est un signe qu'il le retrouvera ; mais s'il éternue deux fois, il ne le retrouvera jamais.

20. — Si un homme se lève à temps le dimanche et éternue deux fois, c'est un bon signe, mais s'il éternue une fois c'est un mauvais signe.

21. — Si un homme tout à fait au commencement du dîner ou du souper est invité à manger, et éternue deux fois, c'est un bon signe ; mais s'il n'éternue qu'une fois c'est un mauvais signe.

22. — Si un homme est au lit, malade et pressentant le danger et éternue une fois, c'est un présage de mort ; mais s'il éternue deux fois, il en réchappera.

23. — Si une femme est très malade et qu'elle éternue une fois, c'est un signe de santé ; mais si elle éternue deux fois, elle mourra [1].

CII. — L'éternuement des chats

Dans l'Angleterre du moyen âge, l'éternuement d'un chat à la veille d'un mariage était dit de favorable augure [2].

CIII. — Dans l'Angleterre du XVIIe siècle

L'appel de la bénédiction divine sur les gens qui éternuent, accompagné d'un salut avec le chapeau, remonte loin en Angleterre. Joseph Hall, évêque d'Exeter, écrit en 1608 dans ses *Characters* que lorsqu'un homme superstitieux éternuait il ne reconnaissait pas comme ses amis les assistants qui manquaient de se découvrir [3].

CIV. — Autre témoignage

Nous avons la coutume, écrivait Aubrey en 1686, lorsqu'une personne éternue, de lever notre chapeau en faisant la révérence et disant : *Dieu vous bénisse, Mouna !* [4]

CV. — Les salutations aux éternuements condamnées

L'on sait que les Anabaptistes et les Quakers, entre autres salutations qu'ils condamnaient, rejetaient celles de ce genre. Mais, dans le code de la bienséance anglaise, elles continuèrent de figurer, pour les petits comme pour les grands, jusque vers le milieu du dernier siècle ; et, maintenant encore, on les a si peu oubliées que chacun se rappelle le passage de l'histoire du ménétrier et de sa femme, où l'éternuement du

1. *Twelfth Annual Report of the Thirteen Club of New-York*, Janvier 1894, cité par R. Means-Lawrence, *The magic*, etc., p. 212-214.
2. William Jones, *Credulities*, cité par R. Means-Lawrence, *The magic*, etc., p. 212.
3. R. Means-Lawrence, *The magic*, etc., p. 233, et J. Brand, *Observations*, p. 652.
4. John Aubrey, *Remaines of Gentilisme and Judaisme*, éd. J. Britten, London, 1881, p. 103.

premier et le cordial : *Dieu vous bénisse !* de la seconde firent
bouger la boîte à violon [1].

CVI. — LES FÉES ET L'ÉTERNUEMENT

Les nourrices anglaises et écossaises sont généralement
persuadées que les enfants sont sous le charme des fées tant
qu'ils n'ont pas éternué. « Dieu sanctifie l'enfant », s'écriait
une vieille nourrice écossaise quand son petit fardeau se
décidait à éternuer : « Ce n'est pas un sorcier [2] ».

CVII. — AU PAYS DE GALLES

Au pays de Galles et dans les îles Shetland, l'éternuement
d'un chat indique les vents froids du nord en été et la neige
en hiver [3].

CVIII. — DANS LE SUSSEX

Les gens du Sussex n'aiment pas les chats qui ont une
propension à l'éternuement, car ils croient que si ce petit félin
éternue trois fois c'est un mauvais augure pour la santé de la
maison et que l'on peut s'attendre à l'influenza ou à d'autres
affections des bronches [4].

CIX. — DANS LE SUFFOLK

Parmi les habitants du Suffolk, on dit qu'éternuer trois fois
avant le déjeuner est une preuve que l'on recevra bientôt un
présent.

Cependant l'éternuement d'un chat est considéré comme un
mauvais présage. Il signifie que quelqu'un de la famille va
s'enrhumer [5].

---

1. Edw.-B. Tylor, *La Civilisation primitive*, I, 119.
2. R. Means-Lawrence, *The magic*, etc., p. 216.
3. *Gentleman's Magazine*, 1882, CCLII, p. 237.
4. W. Henderson, *Notes on the Folklore of the Northern Countries of
England*, p. 206, cité avec le précédent par R. Means-Lawrence, *The
magic*, etc., p. 219.
5. *The New Suffolk Garland*, p. 178, cité par E.-C. Gurdon, *County
Folklore. Suffolk*, London, 1893, p. 129.

CX. — Dans le Yorkshire

Dans le nord du Yorkshire, j'ai entendu dire qu'éternuer après le repas, spécialement après le dîner, est un signe de santé, et que celui chez qui c'est une habitude peut espérer devenir assez vieux [1].

CX a. — Dans un village du comté d'Oxford

Eternuer une fois signifie un désir, deux fois un baiser et trois fois un désappointement [2].

CXI. — Dans l'ile de Jersey

L'éternuement est un signe de pluie [3].

CXII. — Salutation au douzième siècle

Les vers suivants, qui datent d'environ l'an 1100, montrent que la vieille formule : *Waes hael !* Portez-vous bien ! qui se disait aussi *Wassail !* servait à détourner tout danger de celui qui avait éternué :

> E pur une feyze esternuer
> Tantot quident mal trouver,
> Si *wesheil* ne diez aprez [4].

CXIII. — Le soleil et l'éternuement

On lit dans Ronsard (1524-85) que l'on considérait comme un signe de malchance de ne pas éternuer en regardant le soleil [5].

CXIV. — Montaigne sourit d'Aristote

Me demandez-vous d'où vient cette coustume de bénir ceulx qui esternuent ? Nous produisons trois sortes de vents :

1. Gutch, *County Folklore North Riding of Yorkshire*, etc., London, 1901, p. 221.

2. A. Parker, *Oxfordshire village Folklore 1840-1900*, dans *Folklore*, 1913, XXV, 91.

3. J. Le Bas, *Jersey Folklore Notes*, dans *Folklore*, 1914, p. 246.

4. *Manuel des Péchés*, cité par Wedwood, *Dict. Engl. Etymology*. V. Wassail.

5. R. Means-Lawrence, *The magic*, etc., p. 212.

celuy qui sort par embas est trop sale ; celuy qui sort par la bouche porte quelque reproche de gourmandise ; le troisième est l'esternuement ; et parce qu'il vient de la teste, et est sans blasme, nous luy faisons cet honneste recueil. Ne vous mocquez pas de cette subtilité ; elle est, dict-on, d'Aristote [1].

CXV. — La salutation au XVIIᵉ siècle

Dieu vous bénisse ! dit-on à ceux qui éternuent. On dit aussi *Dieu vous assiste !* et Molière a fait usage de cette dernière expression :

> Enfin il n'est rien tel que d'avoir un mari...
> Ne fût-ce que pour l'heur d'avoir qui vous salue
> D'un *Dieu vous soit en aide !* alors qu'on éternue [2].

CXVI. — Comment saluer une seigneurie

Dans les *Principes de civilité* (1685), nous lisons : « S'il arrive à Sa Seigneurie d'éternuer, vous ne devez pas vous écrier : *Monsieur, Dieu vous bénisse !* mais, ôtant votre chapeau, vous incliner poliment et faire en vous-même cette prière [3]. »

CXVII. — Divers pays de France

Voici quelques citations (salutations) que j'ai trouvées en Bourgogne, en Berry, etc. :

1. A vos souhaits ! — Merci.
2. Dieu vous bénisse ! — Avec sa grande bénissoire. Variante : Avec son saint bénissoir.
3. Je salue vos grâces ! — Les vôtres les surpassent.
4. Je salue celui qui se promène sur le rempart de votre cœur ! — Mon cœur est un trop petit objet pour qu'on puisse s'y promener.

Ces deux derniers compliments doivent remonter aux marivaudages de la fin du XVIIIᵉ siècle.

1. *Essais*, III, 6, éd. J.-V. Leclerc. Paris, s. d., II, 284-285.
2. M. de la Mésangère, *Dict. des proverbes français*, Paris, 1823, p. 235.
3. E.-B. Tylor, *La civilisation primitive*, I, 119.

Le hoquet donnait lieu également, paraît-il, à des politesses et à des réparties du même genre [1].

CXVIII. — ÉTERNUER HAUT (VALENCIENNES)

Aujourd'hui encore on croit, à Valenciennes, qu'un père de famille qui éternue haut ne peut manquer de marier avantageusement ses enfants [2].

CXIX. — FORMULES PLAISANTES

Quand ma grand'mère éternuait, écrit Ch. Joliet, en 1884, elle répondait au souhait : *Dieu vous bénisse !* par *J'en ai bien besoin !* [3].

Dans mon enfance et même ma jeunesse, j'ai entendu des hommes répondre à l'invocation traditionnelle, *J'en ai bougrement besoin !* [4]

CXX. — DANS LA FLANDRE FRANÇAISE

« Un éternuement pendant le cours d'une conversation *prouve* que ce que l'on dit est vrai. Presque toujours après avoir dit : *Dieu vous bénisse !* on ajoute : *C'est la vérité* [5]. »

CXXI. — DANS LE BERRY

« Nos villageois accueillent l'éternuement d'une grande personne par ces mots : *Dieu vous assiste ! Dieu vous aide !* — Celui d'un enfant en disant : *Dieu te cresse !* c'est-à-dire : *Dieu te fasse croître !* [6] »

CXXI *b*. — CHEZ LES JEUNES OUVRIÈRES PARISIENNES

« Vous éternuez ! c'est chose coutumière, quand on est

1. L. Jeny (de Bourges), dans *Intermédiaire des chercheurs et des curieux*, 1889, XXII, 237-238.
2. M. Richard, *Trad. pop., croyances, superst., usages et coutumes de l'ancienne Lorraine*, Remiremont, 1848, p. 127.
3. Ch. Joliet, *Curiosités des lettres, des sciences et des arts*, Paris, 1884, p. 6.
4. Observation personnelle.
5. Desrousseaux, *Mœurs populaires de la Flandre française*, Lille, 1889, II, 282.
6. Laisnel de La Salle, *Le Berry, mœurs et coutumes*, Paris, 1902, II, 153.

enrhumé du cerveau. Mais si vous éternuez trois fois de suite, c'est signe de mariage et cadeau par-dessus le marché[1]. »

CXXII. — L'ÉTERNUEMENT DU CHEVAL

Dans le département du Finistère, lorsqu'un cheval éternue ou tousse, le peuple dit : *Que saint Eloi l'assiste !* Saint Eloi est le patron des maréchaux-ferrants et le divin protecteur des chevaux[2].

CXXIII. — SALUTATION NORMANDE

L'une des formules les plus singulières dont on accueille un éternuement est, je crois, d'origine normande ; on la trouve en partie dans la *Friquassée crotestyllonée*. — Le souhait est aussi un conseil et dit à celui qui éternue :

Au cul le nez pour la froidure ! A quoi il répond : *Ainsi soit le vôtre !* avec saluts obligés[3].

CXXIV. — EN BOURGOGNE ET EN MORVAN

J'ai souvent entendu cette salutation : *Dieu te bénisse et te fasse le nez aussi gros que la cuisse !*

Un ouvrier originaire du Creusot disait ironiquement : *Dieu te déniche !* ce qui souvent mécontentait fort l'éternuant.

Mais la formule la plus ordinaire est : *A vos souhaits !* à quoi celui qui a éternué répond par *Merci !* ou *Merci bien !* (Observations personnelles.)

CXXV. — DANS L'ARGONNE

Lorsqu'on se trouvait réunis, en Argonne, au veilloir par exemple, on disait à la personne qui éternuait :

A vos souhaits !

A quoi elle répondait :

Mes souhaits sont de petite conséquence
Car personne ny pense.

1. J.-B. Colmac, *Les superstitions des jeunes ouvrières parisiennes*, dans *La Revue*, 1913, p. 67.

2. Brand, I, 361, cité par R. Means-Lawrence, *The magic*, etc., p. 235.

3. Villefregon, dans *Intermédiaire des chercheurs et des curieux*, 1896, XXXIV, 341-342.

Ou encore :

> *Mon souhait est renfermé dans mon cœur.*
> *Le rempart de mon cœur est si petit, si étroit,*
> *Qu'il ne s'y promène que mon doux Jésus et moi.*

On disait volontiers à une personne du sexe :

> *A vos amours !*

Elle répondait :

> *Mes amours sont à la chasse,*
> *Qui les veut les pourchasse ;*
> *Encore, en les pourchassant,*
> *Les aurait-on à la suite des temps.*
> *Nous verrons*
> *Si le chasseur est bon !* [1].

V. — Documents médicaux.
Peste ou typhus des armées ?

CXXVI. — LA PESTE (?) D'ATHÈNES EN 430 AVANT J.-CH.

Les Péloponésiens étaient en Attique depuis peu de jours, lorsque la peste se déclara dans Athènes. Elle avait, dit-on, frappé déjà plusieurs contrées, entre autres Lemnos ; mais jamais on n'avait entendu parler d'une aussi terrible épidémie. Les médecins n'étaient d'aucun secours, parce que, dans le principe, ils traitaient le mal sans le connaître. Ils étaient eux-mêmes les premières victimes, à cause de leurs communications avec les malades. Tous les moyens humains furent également impuissants ; en vain on fit des prières dans les temples, on consulta les oracles, on eut recours à d'autres pratiques, tout fut inutile. On finit par y renoncer et par céder à la violence du fléau...

Je laisse à chacun, médecin ou non, le soin d'expliquer

1. L. Lallement, *Folklore et vieux souvenirs d'Argonne*. Paris, 1921, in-8°, 155-156.

l'origine probable de ce fléau et de rechercher les causes capables d'opérer une telle perturbation ; je me bornerai à décrire les caractères et les symptômes de cette maladie, afin qu'on puisse se mettre sur ses gardes si elle reparaît jamais. J'en parlerai en homme qui fut atteint lui-même et qui vit souffrir d'autres personnes.

On s'accordait à reconnaître que cette année avait été exempte des maladies ordinaires ; celles qui venaient à se produire finissaient toutes par celle-ci. En général, on était frappé sans aucun signe précurseur, mais à l'improviste et en pleine santé. D'abord, on ressentait de vives chaleurs à la tête ; les yeux devenaient rouges et enflammés, le pharynx et la langue paraissaient couleur de sang ; la respiration était irrégulière, l'haleine fétide. *Venaient ensuite l'éternuement et l'enrouement.* Bientôt le mal descendait dans la poitrine, accompagné d'une toux violente ; lorsqu'il atteignait l'estomac, il le soulevait avec des douleurs aiguës et déterminait toutes les évacuations bilieuses qui ont été spécifiées par les médecins. La plupart des malades étaient saisis d'un hoquet sans vomissements et de fortes convulsions, qui chez les uns ne tardaient pas à se calmer et qui se prolongeaient chez d'autres. A l'extérieur, le corps n'était ni brûlant au toucher ni blême ; il était rougeâtre, livide, couvert de petites phlyctènes et d'ulcères ; mais la chaleur interne était telle qu'on ne supportait pas même les vêtements les plus légers, les couvertures les plus fines. Les malades restaient nus et se seraient volontiers plongés dans l'eau froide, comme le firent quelques malheureux qui, abandonnés à eux-mêmes et dévorés d'une soif ardente, se précipitèrent dans des puits. Cette soif était toujours la même, qu'on bût peu ou beaucoup. Le malaise, résultant de l'agitation et de l'insomnie, ne laissait point de relâche.

Tant que le mal était dans sa période d'intensité, le corps, loin de dépérir, opposait à ses atteintes une résistance inattendue ; en sorte que la plupart des malades conservaient encore quelque vigueur lorsque, au bout de sept ou neuf jours, ils étaient emportés par l'inflammation intérieure ; ou bien, s'ils franchissaient ce terme, le mal descendait dans les intestins, et y déterminait de fortes ulcérations, suivies d'une diarrhée opiniâtre et d'une atonie à laquelle la plupart finissaient par succomber. Ainsi, la maladie, qui d'abord avait son siège dans la tête, parcourait graduellement tout le corps du haut en bas. Si l'on échappait aux accidents graves, le mal frappait les extrémités, qui, dans ce cas, gardaient les traces de son passage ; il attaquait les organes sexuels, les doigts des mains et des pieds. Plusieurs en furent quittes pour la perte de ces membres, d'autres pour celles des yeux ; d'autres, enfin, étaient totalement privés de mémoire et, en se relevant, ne reconnaissaient ni leurs proches ni eux-mêmes.

Il est impossible de dépeindre les ravages de ce fléau ; il sévissait avec une violence irrésistible. Ce qui prouve qu'il différait de toutes les affections connues, c'est que les animaux carnassiers, oiseaux et quadrupèdes, n'approchaient point des cadavres, quoi qu'il y en eût une foule sans sépulture, ou périssaient dès qu'ils y avaient touché. On s'en aperçut clairement à la disposition de ces animaux ; on n'en voyait aucun autour des corps morts ni ailleurs. Cette circonstance était surtout frappante à l'égard des chiens, accoutumés à vivre en société avec l'homme.

Tel était, pour laisser de côté les accidents exceptionnels et les variétés dépendant des individus, le caractère général de cette épidémie. Aussi longtemps qu'elle régna, aucune des maladies ordinaires ne se fit sentir, ou bien elles aboutissaient toutes à celles-ci. Les uns mouraient sans secours, les autres entourés de soins. On ne trouva, pour ainsi dire, pas un seul remède d'une efficacité reconnue ; ce qui avait fait du bien à l'un faisait du mal à l'autre. Aucune constitution, forte ou faible, ne mettait à l'abri du fléau ; il enlevait tout, quel que fût le traitement suivi...

Ce qui aggrava encore le fléau, ce fut l'entassement des campagnards dans la ville. Les nouveaux venus eurent particulièrement à souffrir. Ne trouvant plus de maisons disponibles, ils se logeaient, au cœur de l'été, dans des huttes privées d'air ; aussi, mouraient-ils en foule. Les corps inanimés gisaient pêle-mêle. On voyait des infortunés se rouler dans les rues, autour de toutes les fontaines, à demi morts et consumés par la soif. Les lieux saints, où l'on campait, étaient jonchés de cadavres ;

car les hommes, atterrés par l'immensité du mal, avaient perdu le respect des choses divines et sacrées. Toutes les coutumes observées jusqu'alors pour les inhumations furent violées ; on enterrait comme on pouvait. Les objets nécessaires aux funérailles étant devenus rares dans quelques familles, il y eut des gens qui eurent recours à des moyens infâmes : les uns allaient déposer leurs morts sur des bûchers qui ne leur appartenaient pas, et, devançant ceux qui les avaient dressés, y mettaient le feu ; d'autres, pendant qu'un premier cadavre brûlait, jetaient le leur par-dessus et s'enfuyaient.

Cette maladie donna dans la ville le signal d'un autre genre de désordres. Chacun se livra plus librement à des excès qu'il cachait naguère. A la vue de si brusques vicissitudes, de riches qui mouraient subitement, de pauvres subitement enrichis, on ne pensait qu'à jouir et à jouir vite ; la vie et la fortune paraissaient également précaires. Nul ne prenait la peine de poursuivre un but honorable ; car on ne savait si on vivrait assez pour y parvenir. Allier le plaisir et le profit, voilà ce qui devint beau et utile. On n'était retenu ni par la crainte des dieux ni par celle des lois. Depuis qu'on voyait tant de monde périr indistinctement, on ne mettait plus aucune différence entre la piété et l'impiété ; d'ailleurs, personne ne croyait prolonger ses jours jusqu'à la punition de ses crimes. Chacun redoutait bien davantage l'arrêt déjà prononcé contre lui et suspendu sur sa tête ; avant d'être atteint, on voulait goûter au moins à la volupté [1].

CXXVII. — ETERNUEMENT ET TYPHUS

En 1891, je crois, écrit M. T. Pavot, on signalait, en Italie, une maladie plus sérieuse que l'influenza, et qui, heureusement, ne nous a pas visités. Elle fut nommée *noda*, puis *nona* et enfin *nana*. Rapidement meurtrière, elle débutait par des éternuements [2].

1. **Thucydide,** *Histoire de la guerre du Péloponèse*, II, 47-52. On nous pardonnera d'avoir cité en entier ces pages admirables, qui paraîtront former ici une sorte de hors-d'œuvre ; mais elles permettent toutefois de mieux comprendre les légendes qui rattachent notre salutation à celles que l'on adressait aux malades frappés de ce fléau.

2. **T. Pavot,** dans *Intermédiaire des chercheurs et des curieux*, 1896, XXXIV, 196.

Bibliographie

ETHNOGRAPHIE ET FOLKLORE [1]

Famien Strada. — *A quo tempore, cur sternutentes salutantur*, dans *Prolusiones academicæ seu orationes variæ*, etc., Cologne, 1625.

Martinus Schookius. — *De Sternutatione, Tractatus copiosus ad illam pertinentia, juxta recentia inventa proponens*, Amstelodami, 1664, in-16 de xxiv-164 p. [T b⁴⁰, 5].

Joh. Gerhardus Meuschen. — *Disquisitio philologica de Ritu salutandi Sternutantes*, Kiloni, 1704.

Du F. — *Eternuemens*, dans *Mercure Galant*, novembre 1712, Paris, 1712, p. 28-40.

Analyse avant sa publication dans les mémoires, la communication d'Henri Morin à l'Académie des Inscriptions.

Henri Morin. — *Sur les souhaits en faveur de ceux qui éternuent*, dans *Mémoires de l'Acad. des Insc.*, éd. in-4°, iv, 325-337 ; éd. in-12, v, 429-445, reproduite dans C. Leber, *Collection des meilleures dissertations, etc., relatifs à l'histoire de France*, Paris, 1838, viii, 371-389.

Thomas Brown. — *De l'éternuement*, dans *Essai sur les erreurs populaires*, l. iv, ch. ix, tr. fr., Paris, 1733, i, 473-478.

Wernsdorf (E. F.). — *De ritu sternutantibus bene precandi*, Lipsiæ, 1741.

Simone Ballerini. — *Origine dell' uso di salutare quando si starnula*, Roma, 1747, in-4°.

---

1. Nous ne donnons dans cette liste que les travaux spéciaux et qui constituent tout au moins une tentative de monographie. Les articles et les ouvrages sont disposés dans l'ordre d'apparition.

Jaucourt (Chevalier de). — V. *Eternuement*, dans *Encyclopédie* (Diderot et d'Alembert), Paris, 1756, vi, 49-50.

Gentleman's Magazine d'avril 1771.

Brand semble lui avoir emprunté la plus grande partie de sa documentation.

John Brand. — *Sneezing*, dans *Observations on popular antiquities chiefly illustrating the origin of our vulgar customs, ceremonies and superstitions*, new ed., London, 1900, in-8°, p. 650-652.

Wieland. — *Gesch. der formel « Gott helf dir ! » beim niesen*, Lindau, 1787.

J.-B. Salgues. — *L'éternuement est-il d'un mauvais augure ?* dans *Des Erreurs et des Préjugés*, 3° éd., Paris, 1818, i, 386-391.

A. Crignon de Montigny. — *De l'usage d'adresser des vœux à ceux qui éternuent*, dans *l'Essor*, Paris, Bureau, 1834, ii, 257-267.

T. de Jolimont. — *Polyanthea archéologique... De l'usage de saluer ceux qui éternuent et de leur adresser des souhaits*, s. l. 1844, in-8° de 21 p.

Adaptation française du travail du Père Strada.

G. Leopardi. — *Dello sternuto*, dans *Saggio sopra gli errori degli antichi*, 1845, ch. vi.

Anonyme. — *Origine des compliments que l'on fait aux gens qui éternuent*, dans *Journal des Jeunes Filles*, avril 1846.

Abbé Bertrand. — V. *Eternuement*, dans *Dictionnaire des Religions*, Paris, Migne, 1849, in-4°, ii, 586-588.

Souvent démarqué, sans références, par les ouvrages d'occultisme, tels : Collin de Plancy, *Dict. Infernal*, et Bosc, *Dict. de la Divination*.

P. Saint-Olive. — *Essai sur l'antiquité de l'usage de saluer ceux qui éternuent et sur la manière dont les Romains saluaient*, Lyon, Vingtrinier, 1859, in-12 de 88 p.

On en a donné un long morceau dans la *Gazette médicale de Lyon*, 1859, xi, 229-236.

Pierre Larousse. — V. *Eternuement*, dans *Grand Dict. universel*, Paris, 1870, vii, 1.028.

L'article largement inspiré d'Henri Morin fut, depuis, bien souvent pillé.

PAOLO RICCARDI. — *Di alcune notizie intorno alle superstizioni ingenerate dallo sternuto*, Modena, 1876.

E.-B. TYLOR. — *De la salutation au moment de l'éternuement*, dans *La Civilisation primitive*, trad. fr., Paris, 1876, I, 114-122.

A. BOUCHÉ-LECLERCQ. — *Ptarmoscopie ou divination par l'éternuement*, dans *Histoire de la divination dans l'antiquité*, Paris, 1879, I, 162-164.

PAOLO RICCARDI. — *Lo sternuto e i suoi pregiudigii nelle razze umane*, dans *Rivista Europea*, Firenze, 1880, XVII, 68-82.

JOC'H D'INDRET. — *L'éternuement chez les Anciens*, dans *Intermédiaire des Chercheurs et des Curieux*, 1889, XXII, 428-431.

DIVERS. — Dans *Intermédiaire des Chercheurs et des Curieux*, 1889, XXII, 129, 237-238 ; 1892, XXV, 213-214 ; 1896, XXXIV, 196-198, 341-342 et 488.

Dr CHARLES BRISARD. — *L'Eternuement*, Lyon, s. d. (1896), in-8° de 52 p.

. (Thèse de doctorat en médecine, ch. V, *Signification de l'éternuement chez les différents peuples*, p. 39-49.)

O. COLSON. — *Dieu vous bénisse !* dans *Wallonia*, 1898, VI, 54-56.

Dr CABANÈS. — *Dieu vous bénisse ! — Origine d'un dicton*, dans *Mœurs intimes du passé*, Ire série, Paris, s. d. (1898), p. 125-149.

(Fait avec Ch. Brisard, H. Morin, Saint-Olive, l'*Intermédiaire* et le grand Larousse ; reproduit malheureusement les erreurs que les derniers contiennent.)

ROBERT MEANS-LAWRENCE. — *The omens of sneezing*, dans *The magic of the Horse-Shoe*, Boston, 1899, p. 206-238.

KNOTT (J.). — *The origin of the custom of salutation after sneezing*, dans *Saint-Louis medical Review*, 1906, LIV, 382-384.

TABLE DES MATIÈRES

encadré. Son exécution typographique, qui a été particulièrement soignée, et sa très abondante illustration, qui comprend 12 planches hors texte tirées en trois couleurs, et 95 figures de pleine page tirées en bistre, en font un véritable livre de bibliophile.

Cet inédit est la reproduction très fidèle du manuscrit autographe, texte et planches, de l'illustre occuliste dont dépendent tous ceux qui furent les maîtres du mouvement contemporain.

Les **Mystères de la Kabbale** résument un immense travail d'ELIPHAS LEVI sur les Prophéties d'Ezéchiel et sur l'Apocalypse de saint Jean dont le fruit a été consigné dans deux manuscrits considérables d'un total d'environ six mille pages, rédigés par les soins de son disciple préféré, le Baron Speliaderi.

On ne pouvait songer à publier cette œuvre géante, aujourd'hui l'un des joyaux d'une riche bibliothèque hermétique ; mais la quintessence en avait été extraite par ELIPHAS LEVI lui-même et rédigé de sa propre main en 1861. C'est cette synthèse magistrale que nous offrons aujourd'hui au public.

Nous ne la déflorerons pas en disant qu'elle est un témoignage non seulement en l'honneur de la tradition ésotérique judéo-chrétienne, mais de toute la Tradition secrète de l'Occident et *spécialement de la tradition maçonnique*.

Ce livre qui fut longtemps secret apportera à tous ceux qui aspirent à l'initiation, un guide et à tous les initiés qui veulent avancer dans la voie des approfondissements inespérés.

MOULINS, IMPRIMERIE CRÉPIN-LEBLOND